ななつ星への道

Stairway to Seven Stars

JR九州
唐池恒二

PHP

はじめに

「世界一」が正夢になった！

２０２１年から２０２３年の間、「ななつ星 in 九州」は『コンデナスト・トラベラー』誌で３年連続の「世界一」に輝きました。

同誌は、世界の旅行業界の権威である雑誌で、富裕層を中心に約３００万人の読者を誇ります。とりわけ、秋の号で発表される名物企画「リーダーズ・チョイス・アワード」は注目の的。世界のさまざまなデスティネーション（旅行先）、たとえば都市、国、島、ホテル、運輸部門などをテーマごとに数十万人の読者の投票をもとにランキングとしてまとめ、ホテルランキングなどは、日本のホテル関係者も毎年一喜一憂します。

ななつ星は、２０２１年10月に発表された「リーダーズ・チョイス・アワード２０２１」のトレイン部門で初めて１位に選ばれました。

私たちが、ななつ星草創期から憧れていた存在であり、目標でもあったあの「オリエント・エクスプレス」の上に立った瞬間でもありました。

じつは当初、ななつ星のクルー（注※ななつ星の客室乗務員の呼称）はじめ、当社の社員たちも、このアワードの価値も存在もいまひとつ判然としておらず、ある関係者の方からのツアーデスクへのご連絡で初めてその栄誉の事実を知ったというのが実際のところでした。その世界的な価値の高さも、追ってじわじわと認識していくこととなりました。

そしてこの栄誉は、とどまることはありませんでした。続く２０２２年、２０２３年でも連続して、世界一の栄冠を獲得することとなりました。

ちなみに、同アワードにおいて、３年連続で世界1位になった列車はそれまでなかったとのこと。この間、私たちが追いつけ追い越せと思っていたオリエント・エクスプレスは第３位。一誌の読者投票とはいえ、いつのまにか憧れの存在と肩を並べてしまっていることに、クルーたちも不思議な気持ちでいるようです。ななつ星の生みの親《ファウンダー》と呼んでいただいている私も、なんだか夢と現《うつつ》の間に置かれたような気持ちでいます。

ちなみに今年は第16位。４年連続は逃した格好ですが、それでも世界のトップ20。堂々たるものです。そして、２０２０年の運行開始時からななつ星の「弟」と称され、水戸岡鋭治さんがデザインを手掛けたＪＲ九州「36ぷらす３」が初めてトップ10に入り、堂々５位に輝きました。

２０２４年２月29日には、おおむね４年に一度企画されてきた「ななつ星同窓会」が久しぶりに盛大に開催されました。

同窓会といっても同じ学校の卒業生ではありません。

２０１３年10月の運行開始以来、ななつ星にはたくさんのお客さまが乗車されました。そうしたななつ星の旅を体験されたお客さまだけが参集するパーティを同窓会と私たちは呼んでいるのです。

このときの同窓会は、ちょうど運行開始から10年あまりというタイミング。ではこのあたりで「あのときの感動をもう一度思い出してもらおう！」と、ＪＲ九州が企画したものでした。

場所は東京のホテルニューオータニ。

日本を代表する名門ホテルの大ホールで、一流シェフが腕を振るう料理とＪＲ九州の幹部、そしてクルーたちがお迎えするという趣向で「ななつ星特別運行」と銘打ったスペシャルパーティです。

「特別運行」といいながら、もちろんホテルに線路はつながっていませんので、ななつ星の車両も見当たりませんし、鉄道の旅を用意しているわけでもありません。なのに、会費が一人3万5000円。そのうえ、北は北海道から、南は九州からも駆けつけてくださいましたが、その交通費も宿泊費もすべて参加されるお客さまの負担です。

ほとんどが夫婦または家族ですので、お二人で十数万円から20万円ほどの出費となるはずです。蓋を開けると500名を超える参加者（何度も言いますが、全員がななつ星に乗車されたお客さま）で、ニューオータニの特大ホールも狭く感じるほどでした。

500名。驚きますね。

ありがたいことです。しかも、その中の約4割、190名の方がななつ星に複数回乗車されています。5回以上の方も30名以上いらっしゃいました。

この会は改めて、ななつ星の力を感じさせる機会となりました。

この本は、ななつ星が多くの方々の力によりできあがったこと、そしてお客さま、沿線の皆さまに愛され、その存在を確かにしていった歩みを、改めて私の口から申し述べたく上梓する次第です。

クルーたちをはじめ、社員の多くも登場することでしょう。

また、車両のデザインを担った水戸岡鋭治さんから、ななつ星車内の意匠や沿線に現れた景色を描き下ろした挿画を多数寄せていただきました。実際に乗車された方も、まだこれからという方にも楽しんでいただけるさまざまなタッチが並び、拙文に彩りを添えてくれています。

この本を通して、ななつ星の幸福なドラマを知っていただく時間が、読者の皆さまの「新たな人生にめぐり逢う、旅。」のようなものとなりましたら、なにより幸甚に存じます。

２０２４年10月

唐池恒二

ブックデザイン・画　水戸岡鋭治（ドーンデザイン研究所）

目次

ななつ星への道

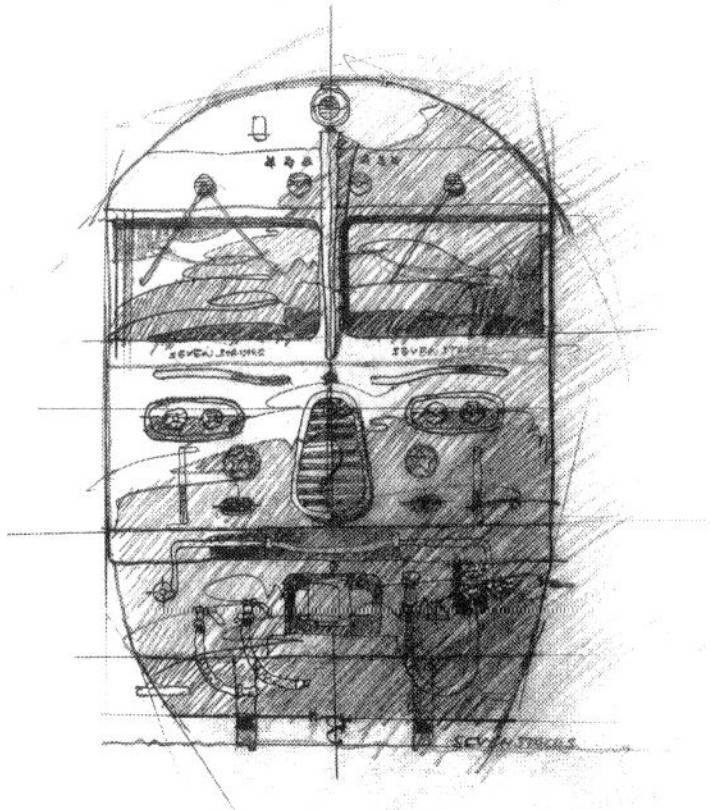

Stairway to Seven Stars

目次

☆3 三章　「ほおぉうっ」と唸る物語

☆4 四章　誰も体験したことがない「おもてなし」

5 五章 わがままで傲慢な、販売戦略とブランディング

☆六章 「変幻自在」の広報宣伝

☆七章 エピローグ 「次の夢」はあるか

一章 プロローグ 着想から構想へ

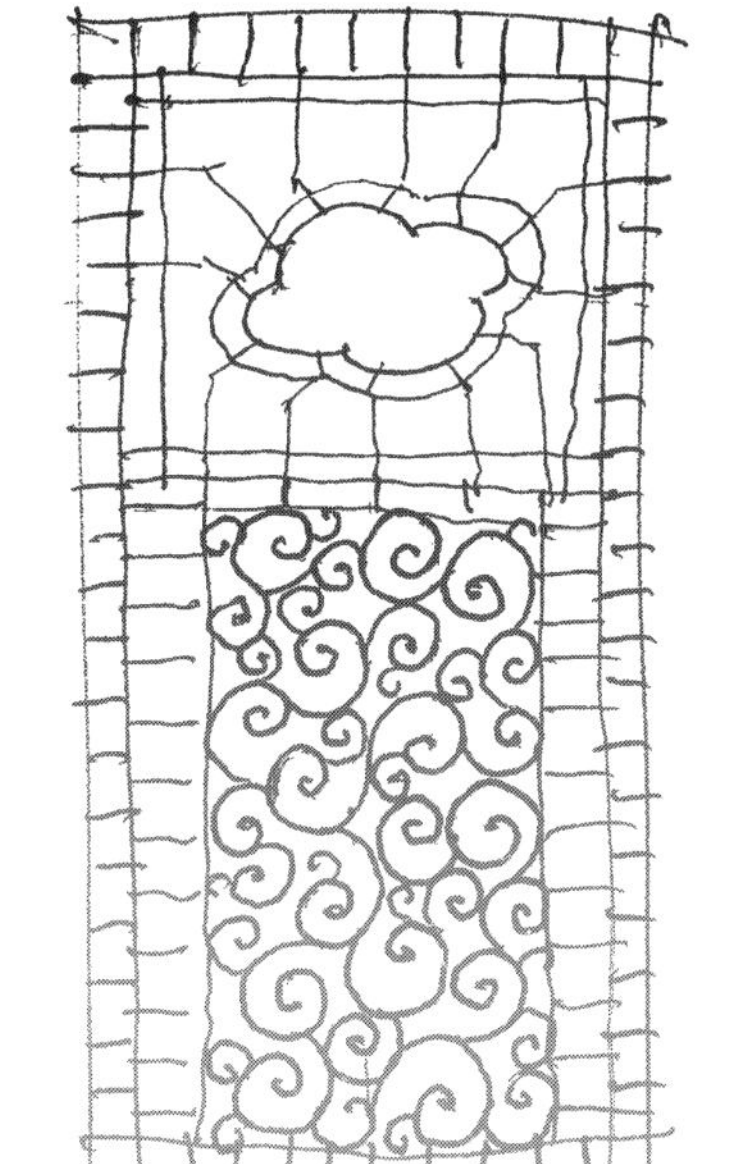

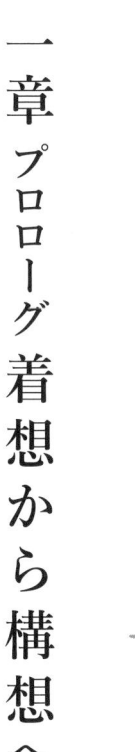

アイデアマンと私

若いころ、そう30代半ばごろのことでした。

ときどき酒席をともにする福岡市内の友人がいました。

彼は、かなりのアイデアマンで、その斬新な発想にいつも驚かされたものです。自身も、広告やイベントの企画会社の社長をやっていました。

おもしろそうな企画を思いついたときだけみんながあっと驚くような大仕事をやってのけますが、とてもリラックスした雰囲気をいつも放っている人で、真面目ひと筋で仕事をしている風でもありません。

いわゆる天才肌の人でした。ある夜、一緒に呑んでいた天才が独り言のようにつぶやきました。

「九州内を巡る豪華な寝台列車を走らせたら……きっとヒットすると思うんだけどなあ」

世は80年代の終わり。ＪＲが発足して間もないときで、私はというと管理職の末席に就いたばかりの立場です。

豪華な寝台列車を新たに走らせるなんて、だいそれたことは実行できるわけがありません。国鉄からＪＲ九州に生まれ変わったばかりの社内で、そうした提案が起こる雰囲気も、

1

受け入れる空気もまったくありません。

でも、天才が言うのです。その言葉が心に強く残りました。

（……将来、実現できるときが来たら絶対にやってやろう）

同じころ、彼はこんなことも話してくれました。

「イベントを企画するなら、まずスケールのでかいものをめざしたほうがいい」

「博多駅でイベントをするなら、福岡中の人が集まってくるようなイベントをやろうと思うだろうが、それよりさらに大きなものをめざすといい」

「九州とか日本全国とか、できるなら世界を視野に入れたほうがいい」

「準備を進めていくうち、ルール、予算、時間、設備、人的能力といった制約が出てきて、計画当初よりどんどん規模が縮小していく」

「どうせなら、最初にこそ世界をめざすと掲げるべし」


今思えば、まるで、ななつ星の草案、骨子そのもの。

（世界をめざす……！）

このとき、初めて教えられたように思います。

時を経て22年後、２００９年6月。

私は、第4代ＪＲ九州社長を拝命します。

就任から1週間後、本社の会議室に鉄道事業本部の幹部を集め、話をはじめました。

「２０１１年には、いよいよ悲願の九州新幹線が全線開業する。その準備も佳境に入り、皆さんは大忙しだと思う。そうしたなか、一つの提案をしたい」

一同、何を言い出すやらと固唾《かたず》を呑んでいるのが伝わってきます。

「新幹線が開業したあとに、九州内を巡る豪華な寝台列車をつくってみないか」

無理もありませんが、幹部一同、同じようにあきれ顔。

——新米社長は何を言い出すのか。

——今はそれどころではない、新幹線全線開業に向けた仕事で手いっぱいだ。

見渡す限りの顔、顔、顔にそんな思いがはっきりと見て取れます。

しかし、めげずに続けます。

「私たちは会社発足以来、九州新幹線全線開業を唯一の、かつ最大の夢と掲げて邁進してきた。しかし、夢が実現するということは、夢がなくなるということ。夢のない組織は、大海に漂流する小舟と同じ。どこに向かうあてもなく彷徨《さまよ》うばかりだ。じゃあ、次の新しい夢を見ようじゃないか。豪華な寝台列車を走らせようじゃないか。それが次の夢だ」

1

記憶をたどると、この会議ではまだ「世界一」には言及していなかったように思います。

しかし、天才の教えは確かに私の腹中にありました。

夢の話が終わらぬうちに、集まったメンバーのなかでは新幹線開業準備でいちばん忙しい、当時運輸部長だった、現ＪＲ九州社長の古宮《ふるみや》洋二さんがやんわりと口を開きます。

彼は国鉄時代からの同僚で、仕事仲間というより、むしろ呑み仲間。会議ではなく、居酒屋や宴会場で笑いの主導権を争ってきた、そんな愉快な同僚でした。

しかし、ここでは敢然と豪華寝台列車構想に立ち向かってきました。

「われわれは新幹線の準備で大わらわなんですよ！　豪華な寝台列車なんていう道楽みたいな現実離れした話はやめてください」

新幹線開業まで２年を切った今、目のまわるような忙しさだというのは理解できます。

とりわけ運輸部長という立場は、列車ダイヤをつくる、運転士や車掌を養成する、車両をつくる、車両のメンテナンスを行う、といった列車運行に関する膨大な業務を統括していますから、なおさらです。

しかし、私の立場からすると、なおさら……「そうだね」と諦めたら社長失格です。

夢がなくなる前に、次の夢をつなぐことは、経営者として最も大切なことと確信していました。

そして、豪華寝台列車構想を具体的に実現させるには、鉄道事業の本丸の長である運輸部長の前向きな姿勢、つまり「やる気」がなんとしても必要なのでした。

心同じくしていた人々

それから1カ月ほど経ったころ、思わぬ訪問団が私のもとにやってきました。

メンバーは、樋《ひ》渡《わたし》啓祐《けいすけ》武雄市長（当時）、田《た》上《うえ》富久《とみひさ》長崎市長（当時）、北九州市の橋本嘉一副市長（当時）、それから「由布院 玉の湯」桑野和泉さん。

この4人が一緒に来て、「唐池さん、九州に豪華列車をつくって走らせてください」と言うではないですか。

私がつくろうとしていることはもちろん全然知りません。

九州を代表する文化人の方々の間にも「九州を盛り上げる機動力を持つのは、JR九州しかない。JR九州に、九州全体をつなぐ夢のあるプランを期待したい」という思いが、不思議なめぐり合わせのように同時に湧いていたわけです。

それで、そのときに「もう既に検討していますよ」と答えました。

彼等は驚くやら喜ぶやら。

——自治体が一両ごとに予算を持ってもよい。

そんな意見まで飛び出しました。

その来訪と情熱が、私の思いをさらに強く後押ししてくれました。


それは同じ年の秋だったと思います。

デザイナーの水戸岡鋭治さんに、以前から抱いていた、漠然とした夢物語を打ち明けました。

「九州中を巡る豪華な寝台列車をつくりたいなと思いまして……」

「えっ、ほんとうですか。私もずっと考えていたんですよ。ぜひやりましょう！」

私の台詞が終わるか終わらないかという早さで返答するではないですか。

じつは、水戸岡さんも、かなり前から豪華寝台列車への思いを温めていたといいます。

私たちは90年代初めに高速船「ビートル」を博多—釜山間などに就航させて以来、九州新幹線、D&S（デザイン&ストーリー）列車など多くの仕事をともにしてきていました。

そうはいっても、思った以上の反応の早さに驚かされたものです。

水戸岡さんは、話した当日からさっそく列車のイメージパースを描きはじめました。

年が明けて２０１０年初夏、『週刊朝日』の取材を受けました。

取材対象者は、水戸岡さんと私。インタビュアーは大の鉄道ファンというM記者。ファーストプランを描いた水戸岡さんも私も、ちょっと気が緩んでいたのかもしれません。Mさんのインタビューにちょっと高揚感なんかも手伝ってか、相当ぺらぺらとしゃべったようです。

２０１０年6月4日号の『週刊朝日』に〈寝台特急「今こそ復活を」〉というタイトルの記事が出ました。

記事の最後のほうには「唐池さんには一つのプランがある。九州を一周する寝台車の旅だ。」とまで書かれてしまいました。

先の幹部会議の出席メンバー以外には、社内でもまだ秘密にしていたのでちょっと困ってしまいました。

でも困りながら、逆にだんだんと決心が定まるのを感じていました。

「豪華寝台列車をつくりたい」というぼんやりとした夢が実現に向けて走り出した、そして強く自分の背中を押されたような気がしました。

同号の巻末グラビアには、水戸岡さんの当時ファーストプランとして描いた列車のイメー

私がボツにした「ななつ星」のファーストプラン。

ジパースまで掲載されていました。

ひょっとしたら、水戸岡さんは「狙ってやった」ことだったのかもしれません。

ちなみに、ご覧いただいてわかるとおり、完成したななつ星はこのイメージパースとはまったく違います。

ともあれ、同誌のページは「つくりたいなあ」という漠然とした夢を「絶対につくるんだ」という強い決意に変えてくれた第1号の記事となりました。


初めて構想を語った幹部会議から、およそ2年後の2011年5月。

「海外の豪華列車を勉強しよう」と発案し、まずはビートル就航時から何かと縁のあった、お隣韓国の豪華列車「ヘラン」の視察ツアーを挙行しました。

視察メンバーは、水戸岡さんに同行してもらったほか、営業部、運輸部からキーパーソンに参加してもらいました。

少数精鋭の勉強会の場となるように図ったわけです。そして、豪華列車に対する姿勢を改めてもらおうと、古宮運輸部長にも声をかけました。

当時の「ヘラン」は1泊2日で15万円程度の価格。一般に交通料金が廉価な韓国からすると、当時の日本では実質20〜30万円くらいの感覚。けっして安くありません。

しかし、私たちが乗車した日の「ヘラン」にはたくさんの韓国のお客さまが乗っていました。

「この価格で……これだけたくさんの人が、しかも平日に乗車されているんですね」

古宮さんの顔つきが少し変わってきています。

「ヘラン」視察から帰国して1週間後、「豪華寝台列車」構想を具体化させるため「九州レールクルーズ創造委員会」を社内に立ち上げます。

そして、その事務局長に、構想反対派の急先鋒であった古宮さんを充てるという人事異動を敢行します。

社長時代に行った人事で、これほど効果的で成功を収めた人事はほかになかったとすら思います。

〝豪華な寝台列車〟構想に真っ向から反対していた古宮さんですが、「委員会」の実質的チームリーダーである事務局長に就くと、ガラッと豹変しました。

もともと運輸部長にまでなった人ですから、仕事は人一倍できます。

社長に対して「道楽には付き合っていられない」と発言をするほど、気骨のある人間でもあります。

ただ、古宮さんはそれ以上に組織人なのでした。

チームリーダーになった瞬間から、組織人としての本性が顔を出していました。自身の職務に課された使命を全うしよう、と考えるわけです。

取締役会で意思決定したのは同年9月。

社外役員から「設備投資額が大きすぎる」「高額の商品となりそうだが需要は見込めるのか」「採算性に疑問」といったネガティブな意見も当然のように出ました。

しかし、社長の私は、やはり固い決意を示すことにし、正式なGOサインを出すこととしました。

課題に次ぐ課題

私自身、幹部を集めて檄を飛ばしながらも、豪華な寝台列車の実現ってそんな甘いものじゃないだろうな、とも考えていました。具体的な検討に入る前から解決が容易でない問題が山積していたからです。

通常1~2両の短い列車しか運行していない九州山間部のローカル線に寝台列車という長編成の列車が入っていけるのかということ。

それらの駅のホームのほとんどが4、5両分の長さしかなく、8両の列車（ななつ星は機関車1両と客車7両の計8両）は停車できません。単線区間なので、行き違いもできません。

山間部のローカル線は、1時間に1本くらいしか運行していません。2時間に1本のところもいくつかあります。

列車本数が少ないということは、線路の摩耗や損傷も小さいということです。線路のメンテナンスについてはその疲労度に見合ったもので充分なのですが、そこに100トンもある重い機関車が入っていくとどうなるのか。

メンテナンスのレベルを上げなければいけない。そもそも、そうした線区にある橋梁やトンネルを、重くて長編成の寝台列車が問題なく通過できるのか。

これらは線路設備に関する多くの問題の一部に過ぎません。

線路設備以外にも技術的に解決すべき課題はたくさんあります。

さらに、技術的な問題がたとえ解決できたとしても、それら以上に難しい根本的な問題が私たちの行く手に立ちはだかっていました。

なにしろ日本初のプロジェクトですから、真似をしたくても手本となるものが、少なくとも日本にはありません。

すべてゼロから、勉強するしかありませんでした。自ら道を切り拓いていくしか、方法がなかったのです。

ここからは、商品としての根本的課題の解決をめざします。根本的な課題は、大きく二つありました。

一つ目は、そもそも高額な列車の旅に需要があるのかということ。

二つ目は、主なターゲットになりそうな富裕層の人たちには、どのようなサービスを提供するべきか。この二つは、社内の勉強だけでは解決できません。

まず、古宮部長は、チームスタッフとともに東京の有識者たちに聞いてまわることにしました。

最初に向かったのは、当社もしばしば仕事をともにしてきた、国を代表するような大手旅行会社。ここでは、最初から最後まで否定的な意見に遭います。

「そんな高額の旅行商品は売れない」

「日本人には合いませんよ」

「この列車自体うまくいかない」

にべもありません。

他の旅行会社も当たってみますが、似たり寄ったりの意見が並びます。そんななかでめぐり合ったのが、日本橋三越の石川岳也さんでした。ふだんから、外商のお得意さまを相手に高額の商談をまとめる仕事をされている方でした。

そんな石川さんに豪華な寝台列車を走らせたいという夢のような話をしたところ、「この企画はおもしろい」と身を乗り出して話を聞いてくれるではないですか。

当時私たちは、3泊4日で30～40万円程度の旅行代金を想定していました。その金額を石川さんに告げると、「けっして高すぎませんし、むしろ安いのでは」ときっぱり。

「三越の外商部で旅行を企画すると、お客さまは東京から黒川や雲仙のいいホテルに泊まって2、3泊で数十万円のツアーにどんどん参加していますよ」

「価格で価値が決まるのです」

「高ければ高いほどいい列車をつくったということが証明できます」

こちらから求めてもいないのに、次々と宝物のような、嬉しい教示を与えてくれます。

古宮さんは今でも「目からうろこが落ちる思いだった」と振り返ります。

ほかにも、たくさんの有益なアドバイスを頂戴し、古宮さんたちは意気揚々と博多駅に帰ってきたのでした。

一つ目の問題については、さまざまな意見があったものの三越の石川さんの言葉に背中を押され、私たちは「豪華列車は高額でも売れる」という確信を持つことができました。


次に古宮部長たちはどのようなサービスをすれば旅慣れた富裕層の人たちに満足してもらえるのかという二つ目の課題に取り組みはじめました。

この難題の解決のため、まず頭に浮かんだのは、馬《マー》へれんさん。

世界的にも高名な料理研究家であったお母様、馬遅伯昌《マーチーハクショウ》さんが１９６５年に東京・三田に創業した中国料理店「華都飯店《シャトー》」の現オーナーであるへれんさんはその華麗なる育ちのもと、驚くほど幅広いネットワークを世界中にもち、またさまざまな「おもてなし」のかたちを体験し知り抜いている方。ＪＲ九州の初代社長石井幸孝《よしたか》さんの時代から、あるときはともに事業を行い、またあるときは幹部社員たちを世界に通じるプロトコルと食文化を学ぶ海外研修を自ら企画して引率役まで担われたりと、当社の企業カルチャーを外からかたちづくってくださったキーパーソンでもあります。

このホスピタリティの達人のような方を改めて招き、私たちななつ星チーム全員は、また生徒となってレクチャーをいただくことにしました。

まず、初めにお話しいただいたのが「富裕層向けの豪華寝台列車として、どのレベルまでをめざすか」ということ。どういうお客さまを乗せて、どういう求めに応じていくのか。その線をまずきちんと引くのが大事だと。

そして、世界中にさまざまなラグジュアリーなサービスが存在するが、どのタイプを選ぶかということ。たとえば一見の客をまったく寄せ付けない格式を重んじる大都市の三つ星レストランか。あるいはヨーロッパの田舎にあるような、瀟洒《しょうしゃ》で温もりに満ち、かつ超一流と評価を受けるホテルやオーベルジュのようなホスピタリティをめざすか。

そんな一例としてとりわけ私たちの印象に残ったのが、かつてペニンシュラ、マンダリンオリエンタルとともに香港の名ホテルとして名声を博してきた「リージェント香港」が1980年に開業したときに催した、特別なゲストだけに向けた2泊3日のウェルカムイベントのお話でした。

香港きっての資本家であったオーナーに招かれた馬ファミリーを待っていたのは、総大理石の広々としたロビーにずらりと並んだ制服のスタッフたち。イベントだったので、現地の可愛い子どもたちがキャスティングされ、制服姿で世界中のセレブたちを笑顔で迎えるという趣向も。

このときの心境をへれんさんは「まるでスターになったみたいだった」と振り返ります。

そして客室に入ると、テーブルにはランタンが置かれ、屋上で催されるディナーパーティに持参くださいとメッセージが。夕餉《ゆうげ》どきになって、屋上に上がると、不意に灯りが消され、ゲストたちがそれぞれの部屋から持ち寄ったランタンだけが会場を照らす、なんとも幻想的な景色が現れます。

そののちも客室のベッドやテーブルに次々と新しいアイテムが登場します。それはホテルの施設やレストランが順番にオープニングを迎えることを報せる「楽しい合図のようなもの」で、プールが開けばゴーグルが、中華レストランなら扇子、テラスのフレンチなら日傘といった具合。

へれんさんたちはこの3日間、わくわくする気持ちが連続して止まらない幸せを味わったといいます。そして最終日のパーティに初めてオーナーがゲストたちの前に登場すると、あらゆるおもてなしを受けてきたセレブたちから万雷の拍手喝采。皆が「押し売りでない」サービスに素直に感動し、感謝の気持ちを爆発させた瞬間だったのでしょう。

運行開始以来、ななつ星のことを知ってくださっている皆さんは、もうお気づきかと思いますが、へれんさんのエピソードを傾聴した私たちの感動はそのまま、ななつ星のサービスに反映されています。

まとめるならば、こんなところでしょう。

①押しつけでなく提案型、選択型のサービスがいい
②サービスをマニュアル化しない
③状況に応じたフレキシブルなサービスに努めること
④心を通わせ、五感を大事にしたサービスに心がけること

当初は、私たちにはハイレベルすぎるメソッドのように感じたものですが、この心構えは、今もクルーの接客のなかに受け継がれ、活かされているのです。

フレンドリーな接客

座学の次は、体験学習です。

ある日、まだなつ星とは名の付いていない豪華寝台列車のチームリーダーとなった仲義《なかよし》雄《お》次長（当時）が前触れもなく私のところにやってきました。

「社長、よその豪華列車を体験するために出かけてきます」

「どこに？」

「ちょっとヨーロッパまで」

「えっ？」

「ヨーロッパの『オリエント・エクスプレス』の視察に行ってきます」

「それなら、私も連れていってよ」

「いえいえ、社長は超ご多忙の身ですから無理です。行くならアジアの豪華列車を見てきてください」

こんなやりとりの末、仲さんたちは予定どおりヨーロッパに飛びます。

「多忙」を理由に、ヨーロッパ視察組から漏れた私はその1年後にタイの「イースタン&オリエンタル・エクスプレス」に乗り込みます。

その時間のなかで、私は「イースタン」の乗務員たちの、予想をはるかに超える人懐っこい接客に驚かされることになります。

ウェルカムのケーキやフルーツにはじまり、数十分と放っておいてはくれない、「お茶はいかが?」「暑くない?」「寒くない?」「お腹空かない?」「退屈じゃない?」といった頻繁な御用うかがい。

男女の乗務員とも、とびきりの笑顔とウイットを利かせたジョークや仕草も交じえながら、日本では「超ご多忙」な私を、視察の目的すら忘れさせるほどに和ませてくれました。

「イースタン」については、これまでも何度か拙著で取り上げましたが、やはりこれは、ななつ星のソフトづくりにとって、たいへんに示唆に富んだ経験となったと思います。

一方、仲さんたちが赴いたヨーロッパの「オリエント」の旅は、さまざまな約束事、マナー、プロトコルに満ちた世界ですから、「イースタン」とはまた違った学びがあったようです。

旅行前の予約受け付け体制、出発駅での専用ラウンジ、名前を告げるだけで簡単に済むチェックイン、ホームへの専用ゲート、ピアノの生演奏に感動したことなど、「オリエント」

で学んだことの多くをななつ星のサービスに取り入れてくれました。

また、フレンドリーな接客については、「イースタン」とニュアンスこそ違えど、「オリエント」でも同様だったようで、ななつ星の接客を考えるうえで現在に至るまでたいへん参考となっています。

デザイナーの水戸岡さんは「オリエント」組とは別の時期に、スペインの誇る豪華列車「エルトランスカンタブリコ」を視察しました。

ちなみにここにも古宮さんと仲さんは同行。旅の終わりはゲストとクルーがハグで別れを惜しむという、同列車のラテン流の濃厚な接客ぶりにすっかり感化されて帰国してきました。

水戸岡さんも、ちょうどななつ星のデザインをどうすべきか悩んでいるときで、このスペイン視察でかなり多くのヒントを摑んだ様子でした。

こののちほどなく、「客室のドアをガラス張りにしたい」と私に言ってきたのは、「エルトランスカンタブリコ」の乗客とクルーの親密なコミュニケーションを目の当たりにしたからと、後日知ることになります。

また、折り畳み式で壁面に収納できるベッドは、まさにななつ星オリジナルのプロダクトなのですが、その発想を得たのも「エルトランスカンタブリコ」だったといいます。

古宮さん曰く、ソファがなく小さなベッドだけの狭小客室に怒る日本人旅行者のお客さまの一団がたまたま乗り合わせていたそうで……。

その方々はやがて、ななつ星のお客さまになっていただいたかもしれません。

ともあれ、水戸岡さんは一気に、現在のななつ星にぐっと近いデザインを描き上げたのでした。

二章　思い切り心ときめく車両

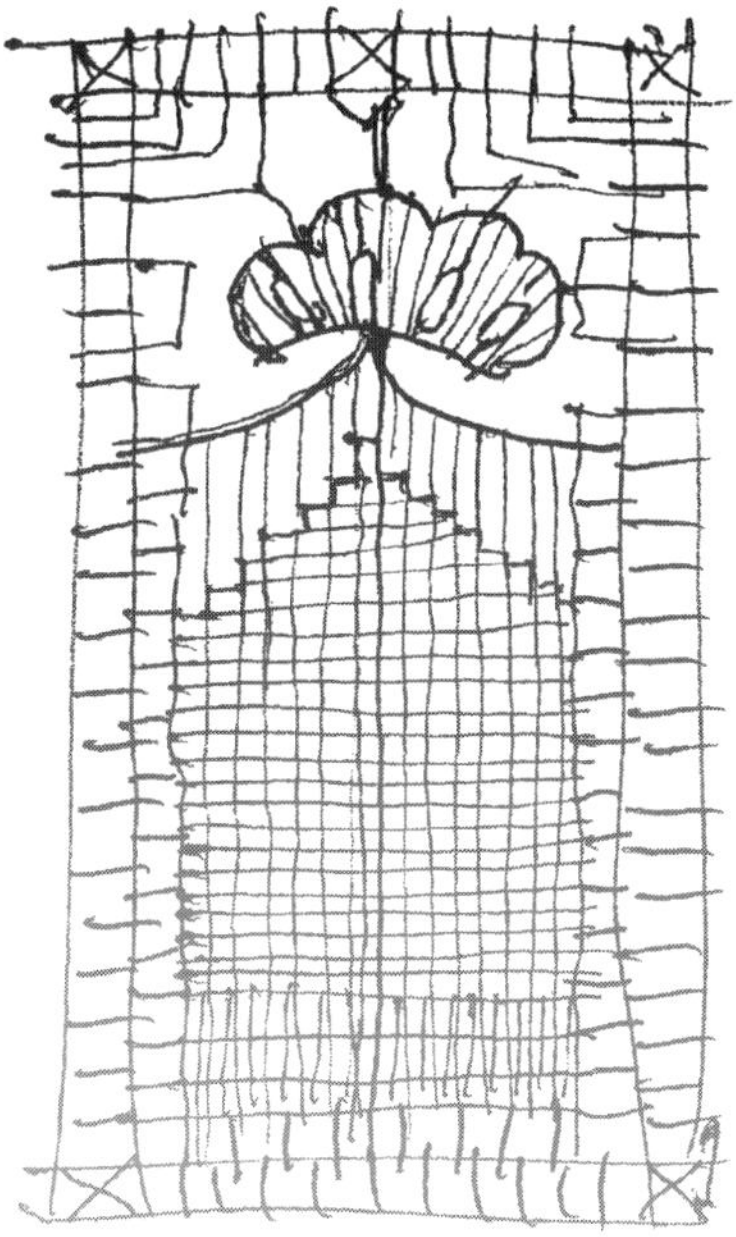

クラシックという選択

ななつ星が成功した最大の要因の一つは、言うまでもなく水戸岡鋭治さんの車両デザインです。

運行開始から1年後の2014年10月、オランダ・アムステルダムでブルネル賞の授賞式が開催されました。ブルネル賞とは、鉄道デザインの国際的なデザインコンペティションで、英国グレート・ウェスタン鉄道の技師、発明家および建築家でもあったイザムバード・キングダム・ブルネル氏の名前から付けられ、2〜3年おきに開催されます。

「鉄道のノーベル賞」ともいわれます。

ななつ星が、その年の栄えあるブルネル賞に輝いたわけです。

授賞式での審査員のコメントが、ななつ星の本質を言い得ています。

「オリエント急行やフレンチ・リヴィエラの豪華老舗ホテルのような感覚も彷彿とさせるが、(中略)この列車では、調度品から食事、そして駅の建物にいたるまで、あらゆる面がデザインされ、極上の旅の体験の一部となっている。ここでは、デザインが知的で印象的なブランディングとマーケティングのツールとして活用されている」

ななつ星のデザインが、他の鉄道会社のこの種の列車のそれと大きく異なる点があります。

それは、インテリアデザインがクラシック基調になっていることです。

水戸岡さんは、「豪華寝台列車」構想の当初、デザインをモダンな近未来型のイメージにしようと考えていました。水戸岡さんがそう考えるのも理解できます。

1990年代以降、水戸岡さんがJR九州で手がけてきた列車のデザインはいずれもモダンで斬新、そしてファッショナブルなものであり、お客さま、地域の人たち、そして各界のアーティストやデザイナーの方々からも高い評価を得ていました。

しかし、私の心の中に「今回のプランはちょっと違うのではないだろうか」という疑問が浮かんでいました。

2011年の春だったと思います、水戸岡さんにこの「違和感」を素直に打ち明けることにしました。

「お客さまが抱いている豪華で贅沢なものとは、それまでの経験からきているのではないでしょうか。たとえば、ベルサイユ宮殿の室内や豪華な邸宅の家具やシャンデリアなども実際に体験しているかもしれないし、少なくとも映像や写真を通して目にしていることでしょ

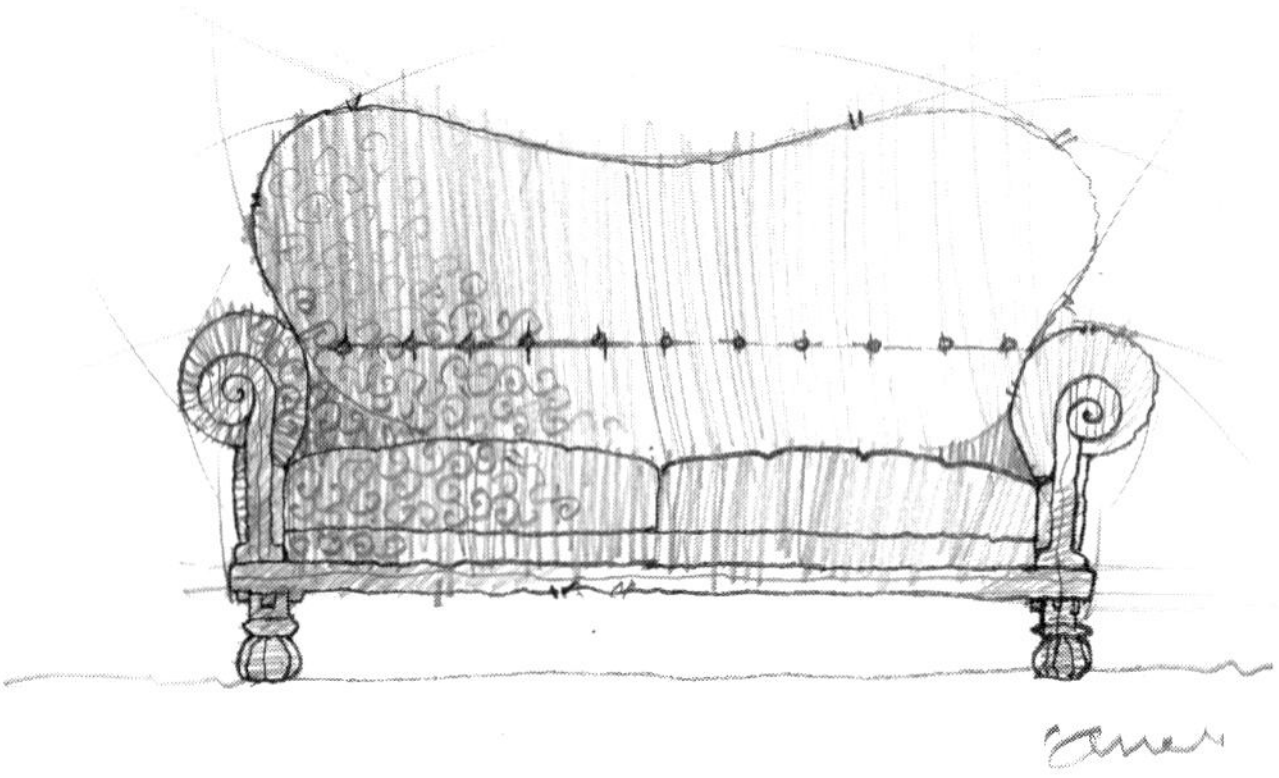

う。モダンさや斬新さでは、豪華だ、贅沢だ、と素直に受け取ってもらえないのではないでしょうか」

水戸岡さんが描いた最初のイメージパースでは、椅子は白いパイプ型で手すりもないモダンなスタイルでした。

そうではなく、もっと重厚感があって木の手すりのついた幅が広くゆったりとくつろげる、いわゆるクラシックな椅子が似合うイメージをリクエストしました。

「クラシックなデザインはデザイナーとしては避けたがるものなんです」

水戸岡さんは、そう言いながら、なぜか少し嬉しそうにしていました。

曰く、モダンデザインならば一枚の図面で済むところが、クラシックだと20枚描く必要がある。もちろん材料にかかるコストも同様だと。

さらに「クラシック」がコンセプトならば、椅子や壁の張り地のテキスタイルデザインから、車内に飾るグラフィックデザインもシンボルマークのロゴデザインも、ユニフォームも全部「クラシック」を基調に考えるがよいか？　と。

明らかに仕事の手間は増えるのに（そして当社から差し上げる謝礼は予算上きっと変わらないはずなのに）水戸岡さんは嬉しそうにしています。

「昔の人はみんなやっていたんですから。ダ・ヴィンチもミケランジェロも、千利休も古田織部もみんな、細部に至るまでデザインしていたんですから。僕が全部やりますよ」

水戸岡さんは、私の思いを読み取ってくれたように思います。

その日から、「豪華寝台列車」のデザインは、モダンからクラシックへと進路を変更します。現在のななつ星を改めて眺めてみると、単なるクラシックではないことがよくわかります。随所に水戸岡流のおしゃれでモダンなデザインが組み込まれています。

水戸岡さんの言葉を借りると、〝懐かしくて新しい〟ななつ星があのとき生まれたことがよくわかります。

構想段階で水戸岡さんが描いた車内サービスのイメージ。

ななつ星が運行をはじめると、よくいろいろな人から言われました。

「ななつ星には、〝氣〟がぎっしりと詰まっている」

そうです。ななつ星には、今もなおはっきりと感じることのできる〝氣〟が満ち溢れています。

2 歩く楽しさ

それは、もの凄い熱量と熱量がぶつかり合って生み出されたものだからです。

構想を具体化させるために社内につくった「九州レールクルーズ創造委員会」の場でたくさんのバトル＝議論が勃発したものです。

まず、最高級の部屋（ＤＸスイート）をどの位置にするかということで意見が対立しました。当初の車両課案は、７両ある客車の１、２号車はダイニングカー（食堂車）にし、そこにやや近い、列車の中央にあたる４号車をＤＸスイートにするというもの。理由は次の二つ。

――昔からある東海道新幹線でもグリーン車（昔でいう１等車）は16両編成の中央部、８、９、10号車にある。

――食堂車の近くにいちばん高額なお客さまの部屋があると歩く距離が短くて済む。

これに対し、私は真っ向から反対します。

のちに詳述しますが、従来心得のある「神社参道論」を説きました。

――神社は、参道が長いほどありがたみが増す。豪邸は、門から建物の入り口までのアプローチが長いほどステイタスを感じる。ある程度の歩く距離というのは気分の高揚につながるのだ。

その昔、16両編成の東海道新幹線にも食堂車が10号車にありました。1号車や2号車から歩いていっても全然苦にならなかったものです。かえって、今から食事にありつけるという嬉しさが膨らんできてそれは楽しい道のりでした。

それから、歩く通路を右側、左側、交互にしようと提言しました。

『007 ロシアより愛を込めて』で、ジェームズ・ボンドがもの凄い大男の悪漢に追われるとき、オリエント・エクスプレスの通路をジグザグに逃げていくのを覚えていて、ジグザグっていいなと思っていたからです。

風景も均等に見られる。だから、ダイニングカーまで行くのに飽きないわけです。

こうやって改めて文字にしてみると、それほど論理的ではないことに気づいて恥ずかしい限りですが、その場では妙な説得力を持ったようでした。

侃々諤々《かんかんがくがく》の議論の末、私の案が通りました。

はたして今、ＤＸスイートのお客さまは嬉しそうに7号車から1号車まで歩かれています。

ヨーロッパの王侯貴族が憧れたKAKIEMON

ななつ星というネーミングが決定したばかりであった２０１２年5月、概要プレス発表会が博多駅の大ホールで、多くのメディア、旅行関係者を集めて華々しく開催されました。

このときのプレゼンターであった私のひと言が、その後のななつ星の運命を大きく変えてしまったかもしれません。

社内で確認、共有していたスピーチ原稿には「日本一の列車をめざします」とありました。しかし「世界一の列車をめざします」と言い間違えたのです。

もちろん、故意にそうしたことでした。

——世界一。

なんと素敵な響きでしょう。心が沸き立ちます。

言霊《ことだま》の不思議な力を感じます。

この言葉が世に出た瞬間からななつ星をとりまく空気が明らかに変わりました。

水戸岡さんは、デザインをする手に一段と力を込めてくれたのではないでしょうか。

――オリエント・エクスプレスにも勝てる、世界一の列車をデザインしよう。

――俺たちの持っている技術の粋を極めよう。

車両製作のために全国各地から集合していたスタッフ、職人の皆さんの魂にも火がついたようでした。


(これはたいへんなことになった……!)

当時のななつ星のチームリーダーだった仲義雄さんも驚きながら、湧き上がる闘志を抑え切れなかったとのちに話してくれました。

「世界一」という言葉の魔力が途方もない夢を紡ぎ、その夢が関わる人たちすべてに溢れんばかりの「氣」をもたらしたのです。

みんなの「氣」が結集してできあがったのが、ななつ星なのです。


その年の秋、水戸岡さんは、ななつ星にさらにひときわ大きな「氣」を入れてもらおうと佐賀県有田町を訪れます。

2

水戸岡さんは、イタリアでのデザイン修業時代にヨーロッパ中の鉄道を乗り歩いています。いくつもの豪華列車にも乗っています。曰く、「ヨーロッパの歴史と伝統を誇る豪華列車の中には、言葉でうまく言えないが、何か魂のようなものが乗り移っているよう」。

それは、車両に注ぎ込まれた職人の思い、乗車された数万、数十万人のお客さまの息遣いや笑顔、そして人生、運行に携わる人たちの汗と誇りと真剣さ、といったものかもしれません。

――ななつ星の車両にもそうした魂を入れることができないものか

そう考え、水戸岡さんは有田に向かったのです。

着いたところは、柿《かき》右衛《え》門窯《もんがま》。

17世紀から18世紀にかけて、東インド会社によって多くの有田焼がヨーロッパに輸出された時代がありました。なかでも柿右衛門＝ＫＡＫＩＥＭＯＮはその優美な絵付けとヨーロッパには当時感覚としてなかった余白の美を活かしたアシンメトリーの構図、そして「白よりも白い」と称された乳白色の地肌が王侯貴族たちを熱狂させたのです。

水戸岡さんが訪れた当時の当主は、十四代酒井田柿右衛門さん。

東インド会社時代の往時の名品の研究も現地視察をはじめ旺盛にされ「江戸の職人たちに交じって仕事がしてみたい」とことあるごとに口にされていたという名工中の名工です。

２００１年には色絵磁器の重要無形文化財保持者（人間国宝）にも認定されています。

応接室に通された水戸岡さんはソファに座るや否や、目の前の十四代酒井田柿右衛門さんを相手に滔々《とうとう》と熱弁を振るいはじめます。

――ＪＲ九州は今世界一の列車をつくろうとしています。

――しかし、今のままでは世界一になれるとは思えません。

――オリエント・エクスプレスにある魂のようなものがないのです。

――そこで、柿右衛門さんに、ななつ星に魂を入れていただきたい。

――ななつ星の車両に十四代の作品を置かせてください。

目を閉じて黙って聴いていた十四代は、水戸岡さんの話が終わってほどなく、おもむろに口を開きました。

「ななつ星。世界一の列車。わかりました。この仕事は私が引き受けるべき仕事です。やりましょう」

（……！）

「やきものは置くだけ、飾るだけでは魂が宿りません。使われてこそ、そこに魂が入るのです。洗面台やシャワーブースが各客室に備わっているのですね……では、洗面鉢をつくりま

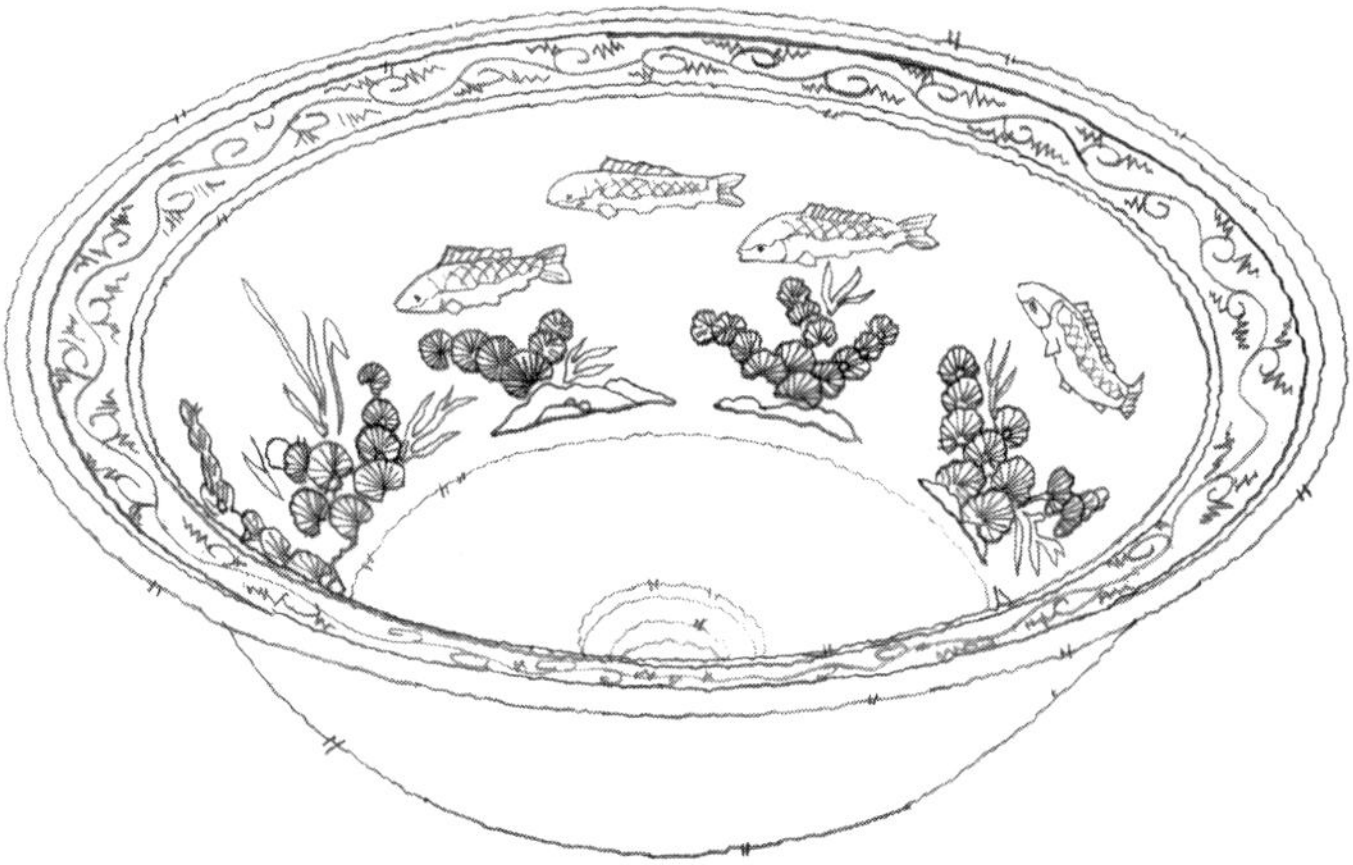

しょう」

今思えば、洗面鉢にしようと即答された十四代の感覚は凄いものです。

代々の柿右衛門の仕事、たとえば江戸時代にも八角形の大鉢がつくられています。それらのアンティークは、現在ヨーロッパで相当な高値で売買されています。

十四代は、往時の技術と技法を用いて、これをななつ星の洗面鉢に応用しようと言ってくださったわけです。

さらに聞いて、驚いたのは、「ななつ星だから七角鉢」というアイデア。

何もかもが、特別なオファーとなりました。

水戸岡さんが柿右衛門窯を訪れた２０１２年

秋、じつは、十四代の身体には末期がんがかなり進行していました。水戸岡さんは、そのことをまったく知らずに創作の大仕事を依頼してしまったのです。

知ったのは、それから数カ月後のこと。

闘病中にもかかわらず十四代は自身が引き受けた仕事を全うしようと創作に全身全霊を打ち込まれました。

面会から8カ月経った2013年6月、十四代からななつ星（JR九州）に、客室の数と予備を含めた15の洗面鉢が納品されました。

十四代は、1週間後に亡くなられました。

コースターから着想

運行開始予定日までわずか3カ月余という2013年6月、水戸岡さんはある運命的な出会いを果たします。

プレスを対象としたPRイベントの際、イベンター側が用意していたゲストへの手土産のなかに木製のコースターがありました。

会の際中、古宮さんのかたわらで、水戸岡さんは思い詰めた表情でこのコースターをじっと見つめていたといいます。コースターの製造元は、福岡・大川の木下木芸さん。大川組子という指物の伝統工芸を古くより生業とする会社です。

ただでさえ、車両の工期が押しに押し、しばしば起こるトラブルやすったもんだに胃を痛くしていた古宮さん。

「少し嫌な予感がしていた……」と言います。

水戸岡さんは、ときどきびっくりするようなことを言い出す人です。

「僕は……僕は、これをぜひ車両に使いたい」

驚いた古宮さんは「できるわけないじゃないですか！」と返しますが、一度火がついた水戸岡さんは止まりません。

十四代柿右衛門さんの洗面鉢が納められたことで、和の表現への情熱がいっそう掻き立てられたこともあったでしょう。

もともとは、ガラス板を設置することで予定されていた車両のパーティションに、組子を設置したデザインを水戸岡さんはその日からあっという間に描き上げてしまいます。

結果として、福岡県大川市の組子職人・木下正人さんが精魂込めてつくった組子が水戸岡さんの思いを体現することとなりました。

組子は、釘を一切使わず職人の手で細かな木片を組み合わせ、美しい模様を創り出す工芸品。木下さんは、水戸岡さんの過酷な要求を懐かしそうに、でも誇らしく語ります。

「常に動いている列車内に組子を設置することはハードルが高い。そのうえ水戸岡さんから届く複雑なデザイン。寝る間も惜しんで取り組みました」

今ではすっかり、ななつ星のシンボルともなった大川組子はこのようにして設けられたのでした。

仮説の証明

ここで前述した、私がかねて唱えていて、ななつ星の車両デザインにも関わっている「神社参道論」についてくわしく述べておきたいと思います。

宗像《むなかた》大社には、家から近いということもあって、よく参拝に出かけます。大社というだけあって神社としての格はかなり高いと聞きます。バチ当たりなことを言うようですが、宗像大社に参拝しても、不思議と心の高揚をそれほど感じないのです。もちろん、敬虔な気持ちをひとときも忘れずお参りしておりますが。

一方、同じように家からそう遠くないところにある太宰府天満宮や宮地嶽《みやじだけ》神社に参拝した

2

とき、どういうわけか、ありがたみを強く感じます。参拝するたびに気持ちが高揚するのがわかります。

あるとき、伊勢神宮に参拝してきました。

「鳥居の手前で一礼をしてください。橋は右側通行ですよ」

ベテランの案内人に引率され、鳥居をくぐり内宮入口の宇治橋を渡ります。今から伊勢神宮に参拝するんだ、という意識が少しずつ高揚してきます。

伊勢神宮は、地名（伊勢）を冠せずに「神宮《じんぐう》」と呼ぶのが正式名称だそうです。古来、最高の特別格の宮とされています。

橋を渡り幅の広い参道に入ります。

玉砂利をジャリジャリと音を立てて踏み締めていくと、両側に緑豊かな社叢《しゃそう》が広がっています。クス、マツ、ヒノキなどの中にスギの大木も何本か見えてきます。

参道のすぐそばの五十鈴《いすず》川で手を洗い清め、正宮に向かいます。案内人の好男子、いや講談師のような楽しい説明を聞きながらゆっくりと歩いていき、ようやく天照大神が祀られている正宮の正面にたどり着きました。気分がいっそう高揚します。

参道の途中で案内人から指導を受けていたので、二礼二拍手一拝の儀式を厳粛に果たすことができました。ここで感動が最高潮に達します。

ゆっくり歩いたため、最初の鳥居から正宮の正面に立つまでに30分。伊勢神宮の参道を歩いている間に厳粛な気分がどんどん込み上げてくるのです。参道の長さが感動の大きさに比例するのでしょう。

そうです。宗像大社は、駐車場で車を降り、少し歩くだけですぐに本殿の前まで来てしまいます。

参道が短いから、私の場合気分が高揚してこないのです。

その点、太宰府天満宮の参道は４００メートルと長く、沿道の風景を楽しみながら歩けます。お土産もの屋さんや甘味処など80軒を超える店が軒を連ねており、ショッピングや食べ歩きという御利益にも恵まれます。

鳥居をくぐるとまず迎えてくれるのが、「撫で牛」です。体に悪いところがある人が牛の同じ部分を撫でるとよくなるといわれています。そこから心字池《しんじいけ》に架かる太鼓橋を渡り、立派な楼門をくぐると本殿に到着します。この時点で気持ちが相当昂《たかぶ》っています。手を合わせたときには、絶頂に達するのです。

「参道の長さが感動の大きさに比例する」という仮説は証明されました。名付けて「神社参道論」。

☆2

神社参道論と序・破・急

この「神社参道論」のことを、そう、20年くらい前からあちこちで、どや顔しながら語ってきました。

あるとき友人から、「世阿弥《ぜあみ》のいう『序《じょ》・破《は》・急《きゅう》』に近い」と指摘されました。

「序・破・急」。

序はテンポがゆっくりの導入部、破は変化に富んだ展開部、急は一気にテンポを速めてクライマックスを迎える終章、をそれぞれ表します。

もともとは日本の伝統芸能である雅楽の楽曲の3部構成に由来します。この様式を能楽に導入し完成させたのが世阿弥です。能の構成、足の運び方、楽曲の組み立てまで、この理念が支配しています。世阿弥が著した能楽の秘伝書『風姿花伝』の中でこう語られています。

「一切の事に序破急あれば申楽《さるがく》もこれ同じ」

申楽は能楽のこと。世の中の一切のことに序・破・急のリズムが存在し、能楽においても同じだという意味です。

この概念は能楽や歌舞伎、浄瑠璃などの古典芸能だけでなく、武道や茶道などの日本の伝統文化全般に広く用いられています。現代では、映画やアニメなどの脚本にも応用されています。

序・破・急は、感動を高めていくための有効な手法です。参道が長いほど参拝時の感動が大きくなると述べました。序・破・急を「神社参道論」に当てはめてみましょう。伊勢神宮の参拝のストーリーを思い出してください。

最初の鳥居をくぐりゆっくりと宇治橋を渡ります。このあたりが序です。今から参拝するのだ、という意識が芽生えてきます。次に、長い参道の玉砂利を踏み締め、沿道の社叢に悠《ゆう》遠《えん》な歴史を感じながら正宮に進みます。こうして破が展開していくのです。さらに気分が高揚してきます。クライマックスが、正宮の正面に立ち二礼二拍手一拝の儀式となります。急です。感動が最高潮に達します。

序・破・急は、ビジネスの世界でもプレゼンテーションなどに活用されています。

プレゼンでは、アピールポイントを手短に述べて相手の印象に残すことを主眼とします。序・破・急を用いると、わかりやすく印象に残る伝え方ができます。

序でプレゼンのテーマを述べ、破で伝えたいことを説明し、急で一気に結論を述べ、締めくくります。

☆2

プレゼンの達人といえば「ジャパネットたかた」の創業者、髙田明さん。髙田さんは２０１５年まで同社の社長でありかつテレビ・ラジオショッピングの名物ＭＣでした。

当時、「日本一モノを売る男」としてよくメディアにも取り上げられました。髙田さんの商品説明を聞いているとついつい買いたくなってしまうという巧みな話術、というより超絶の〝魔術〟。

そうです、単に話術と決めてかかっては本質を見誤ります。髙田さんの〝魔術〟は、世阿弥と結びつくのです。

髙田さんは、テレビショッピングに臨むとき、万全の準備と細心の気配りを心がけています。その際、根底にあるのが世阿弥の教えです。といっても、世阿弥を学んでから髙田さんの名人芸の語りができたのではありません。

髙田さんがずっと実践してきたことが、あとで調べると世阿弥の説く能楽論とほとんど変わらなかったということなのです。

夏の暑い日にクールタオルの商品紹介をすることになりました。髙田さんはスタジオの外に飛び出して炎天下のデッキに立ち、オープニングトークをはじめました。

「いま長崎の気温は○○度です。家の中にいても暑いですよね。でも、私は涼しいですよ。水で濡らすだけで冷感が1時間以上続くクールタオルを頭に巻いていますから」

髙田流の序です。この「つかみ」でいつもよりも視聴率が2倍になったそうです。

次に、クールタオルのよさを要領よくわかりやすく伝えます。これが破。そして、わずかに、そう2秒か3秒でしょうか、間を置いたあと一歩前に出て価格を言い、「お電話くださ い」で締めくくって急です。

完成度の高い序・破・急と思いませんか。今述べたことは、髙田さんが2018年に出版された『髙田明と読む世阿弥』(日経BP社)に書かれている内容です。

同書は、世阿弥の入門書としても、また髙田さんが指南するプレゼンの教科書としてもおすすめの一冊です。

そして、洋の東西を問わず、御殿のような邸宅に共通するものがあります。

それは、長いアプローチです。アプローチとは、道路あるいは門から玄関までの通路のことをいいます。建築関係の書籍には、「アプローチの長さが住んでいる人の個性とセンスを引き出す」「アプローチを長くとることによって訪れる人を楽しませるような感動的な演出ができる」「アプローチが長いと、お出かけするとき、わくわく感が増す」などアプローチの長さを重視する言葉が目につきます。神社と同じく、豪邸にも長い参道、いやアプローチが求められているのです。

神社参道論は、お店にも当てはまります。老舗の料亭の店構えを観察すると、たいてい、門と建物の玄関の間によく手入れされた前栽《せんざい》に囲まれた通路が設けられています。料亭の主たちも、通路、つまりアプローチの大切さを心得ているのです。

東京のホテルでは、ホテルニューオータニのアプローチが秀逸ではないでしょうか。都心のど真ん中に、あれほどゆったりとしたアプローチを備えたホテルはそうありません。

お宿では、由布院温泉の「玉の湯」でしょう。入り口でお宿の人に迎えられ、雑木林に囲まれた小径《こみち》をたどるとこぢんまりとしたフロントに着きます。

この小径は玉の湯を定宿とした『考えるヒント』の小林秀雄氏のアイデアをもとにつくられ、「小林秀雄の径」とも呼ばれています。

私も、これまでの仕事のなかで「神社参道論」を何度も実践してきました。その代表が、あえて最上級の客室のある7号車から1号車までの「歩く楽しさ」を設定したななつ星なのです。

30億円の額縁

天才コピーライターで、作詞家で、ゲームクリエーターで、エッセイスト。作家でもあり、たまに俳優で、タレントで、そして夢追い人で、株式会社ほぼ日の創業者であり現在も社長の糸井重里さん。

その糸井さんがななつ星のテレビ特番出演のため乗車されたときのこと。車内散策中に突然唸り声を上げます。

「おおおっ、窓が額縁だ」

これまでもこのあともこのことに気づいた人は一人もいません。少なくともそれを口に出した人は糸井さんだけです。そういう私も糸井さんに言われて初めて気がつきました。

そうなんです。

一つひとつの窓枠が、まるで額縁のように風景を彩っているのです。あまり鉄道の旅が好きでなかった私も、ななつ星が走る1年ほど前に視察で訪れたタイで、「イースタン＆オリエンタル・エクスプレス」に乗車して、初めて列車の楽しさを実感しました。

客室にただ一人で、何もせず何も考えずにコーヒーを飲みながらぼんやりと車窓から外を眺める、この時間がとても贅沢です。

この時間こそ列車の旅の醍醐味と感じました。

30分でも1時間でも、移り過ぎ行く景色をずっと眺めていたくなります。窓の外の景色はどんどん変わっていきます。

広々とした田園風景、樹々に覆われた山野、滔々と流れる大河、と思えば一転して、生活の匂いのする住宅街や都会のまち並み、と変化に富んだアジア大陸の広さと奥深さと美しさが列車に居ながらにして満喫できます。

茫々《ぼうぼう》とした大草原に沈む夕陽を見たときの感動は忘れられません。窓枠越しに見る景色は、額縁に納められた絵画のよう。その絵画が次々に流れていくのですから、たまりません。


「水戸岡さん、窓から見る景色は絵画と同じですね。他の鉄道会社の観光列車のなかには、壁から天井まで全面ガラス張りで360度のパノラマが楽しめる、というような謳《うた》い文句を掲げているところもありますが、ななつ星はそんなふうにしないでください」

「もちろん、わかっています」

「360度の景色が見たいなら、阿蘇の草原の真ん中に立てばいいこと。列車から見る景色は窓枠があるからいいんですよね。窓枠があると車窓の景色が絵画になるんです」

「わかっていますよ、わかっていますとも」

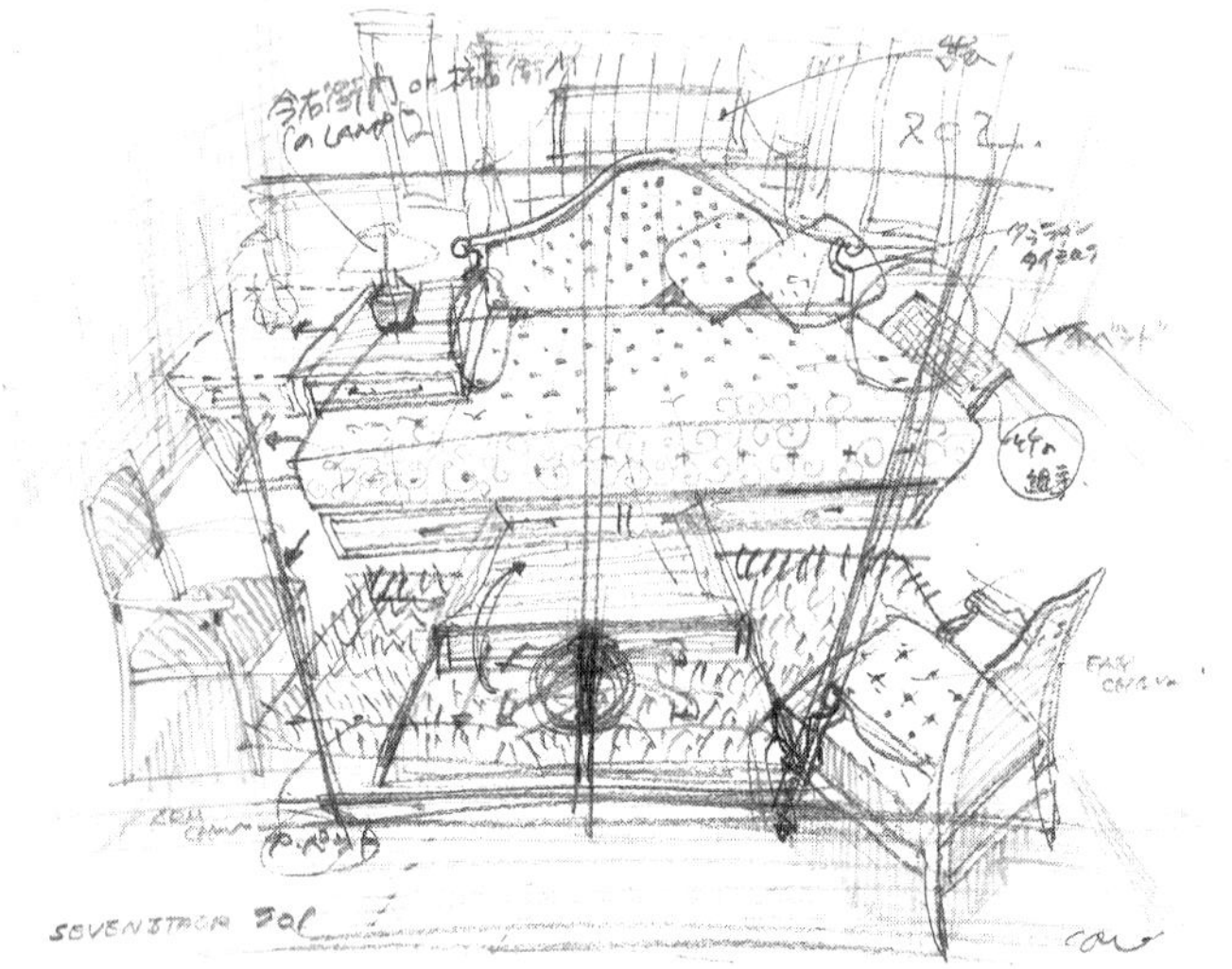

製作中のななつ星の車内を水戸岡さんに案内されて1号車から順に見てまわると、確かに全面パノラマではなく小ぶりの窓枠がほどよい間隔で造作されています。

ななつ星の車両製作に関わる費用は、およそ30億円強。

機関車1両と客車7両の8両編成、1両あたり4億円ですから、最新鋭の新幹線車両並みです。

完成後、車内を確認すると、素敵な窓に仕上がっていました。

「さすが、水戸岡さん」

まだそのときは額縁に気がつきませんでした。糸井さんに「窓が額縁」と言われ、もう一度「さすが、水戸岡さん」と頷《うなず》くに至ったのです。

今では、水戸岡さんもあちこちでよくこう話をされます。

「ななつ星は〝30億円の額縁〟です」

心ときめく共通項

ななつ星の車両には、さまざまな工芸作品やアート作品が設えられています。

作品を寄せていただいた作家のお一人に、籔内《やぶうち》佐斗司《さとし》さんがいます。

平城遷都1300年を記念してつくられた奈良県のキャラクター「せんとくん」の作者といえば思い当たる人も多いと思います。

籔内さんは、長く東京藝術大学大学院の文化財保存学彫刻研究室教授を務め、文化財の保存修復の指導に当たってきました。かたわら、日本を代表する彫刻家として今も精力的に創作活動に打ち込んでいます。

ちなみに私の母校、大阪・三国丘《みくにがおか》高校の同級生でもあります。私は柔道部、彼は美術部で当時はあまり付き合いはありませんでしたが、卒業してから博多駅や大分駅などに作品を寄せていただく縁もあり、すっかり仲よしになりました。

その籔内さんと水戸岡さんと3人で奈良を旅したことがありました。

この道程が、ななつ星の「歩く楽しさ」にも通じるところがあると、いたく思ったことがあり、ここに紹介させていただきたいと思います。

訪れたのは2022年2月のことで、ちょうど奈良国立博物館の特別展「国宝　聖林寺十一面観音」の時期にあたっていました。

仏像についての著書も多い籔内さんから「いい機会だから見学してはどうか」、そして食事でも一緒にして夜の奈良のまちを歩いてみないか、とのお誘いがありました。

願ってもないありがたい話なので二つ返事でお誘いに応じ、奈良を訪問することにしました。

仏像やお寺の解説でNHKほかテレビにもよく出演される籔内先生がガイド役を務めてくれるという、籔内ファンが聞くと卒倒しそうな贅沢なまち歩きです。

同行者が籔内先生とも懇意にされている水戸岡さんですから、最高に楽しい旅になる予感がしました。

2日間の奈良滞在は、まさしく驚きと感動の連続。

一つ目の感動は、夜のまち歩き前のディナーです。

籔内さん自身が予約を入れてくれたおすすめのお店ということで、出発前からかなり期待値を高めていました。お店は、奈良公園の一角、しかも東大寺の旧境内跡地につくられたといいますから、それだけでも物語を感じさせます。

「アコルドゥ（akordu）」という不思議な店名にもなぜか魅せられます。

いくつかのグルメガイドにはスペイン料理店と謳われていますが、そんな常識的な枠には収まりません。『ミシュランガイド』ではイノベーティブ（革新的）な一軒としてカテゴライズされています。

オーナーシェフの川島宙《ひろし》さんは、『ゴ・エ・ミヨ』2018年度の「今年のシェフ賞」を受賞した方。

川島シェフは籔内先生と親しく、私たちのテーブルにも来て、そのコンセプトについても話してくれました。

――アコルドゥとは、スペインのバスク語で「記憶」を意味します。土地の歴史、食材のストーリー、私自身の記憶と食べ手の持つ記憶をリンクさせながら、季節の料理のコースとして表現しています。そして、地産地消を旨とするレストランです。奈良でできたものを奈良で食べてもらうというだけの地産地消ではありません。

――どこでつくられたかではなく、誰がどんな思いでつくったのか、どのような背景と時間の流れのなかで生まれ育ってきたのか。料理の美味しさや美しさは、素材をつくる人のピュアな思いからも成り立っていると、いつも考えています。


食事を終え、午後9時を少々過ぎていましたが、籔内さんの「歩きましょう」の合図とともにお店を出ます。すぐそばが東大寺なので、まず大仏殿に向かいます。

夕方前は、あちこちで鹿たちがくつろいでいました。東大寺も興福寺も奈良公園の敷地内にあるのです。おそらく奈良公園は、国宝と鹿の両方を日本でいちばん多く所有している公園でしょう。

歩きはじめて気がついたのは、夜の奈良は真っ暗だということ。きらびやかなネオンも、やたら明るい電照看板も見当たりません。通りの街灯もさほど多くなく、人通りもほとんどありません。空を見上げると満天の星が輝いています。

大仏殿から正面の中門、東大寺南大門へと進みます。

いよいよ南大門の前へ。夜空を背景に浮かび上がる木造建造物の偉容に圧倒されます。お店を出てここまでずっと東大寺の境内を歩いてきたことになります……。

はて、いつ東大寺の中に入ったのでしょう。

柵も塀もなく、先に歩いていく籔内先生が拝観料を支払った形跡もありません。あとで知ったことですが、南大門を通るのも中を見物するのも無料なのです。

南大門の真下に入ると、籔内さん自身がガイド役。なんと豪華な旅、なんと贅沢なまち歩きでしょう。

「ここは、東大寺大仏殿へと向かう参道の途中に位置します。この南大門は、高さ25メートルにも及ぶ国内最大規模の山門で、もちろん国宝です」

国宝の中にいつでも無料で入れるとは、奈良というまちはたいしたものです。

「目の前にある大円柱は18本あり、屋根裏まで達しています。門の左右にそびえる2体の金剛力士像は、南大門再建と同時期の鎌倉時代に造像されています。ところで唐池さん、この仁王像はどれくらいの期間でつくられたと思いますか」

けっこう難しい質問を投げかけてきます。

「そりゃあ、これだけの巨大な木像ですからね。当時は機械もなくすべて手彫りでしょうから、2年や3年はかかったでしょう」

「たった69日で完成したようです。最近そうした文献が出てきましたから間違いありません」

「ええっ……たった69日？」

金剛力士像、別名仁王像は、運慶をリーダーとする20～30人くらいのチームの分業システムで制作されたそうです。別々につくった3000もの部品を組み合わせた寄木造りという手法により短期間で完成させることができたわけです。

南大門をくぐり抜け、南に200メートルほど歩きそこから右折し、西に向かいます。少し行くと、翌日訪れる予定の奈良国立博物館が左手に見えてきます。

博物館の西端の交差点が興福寺の敷地の北東の角になります。

2

交差点からしばらく南西方向に進んでいくと、少し先のほうにライトアップされた建物が見えてきました。さらに近くまで歩を進めていきます。

目の前にその建物を仰いだとき、思わず「ほおぉうっ」と唸ってしまいました。

美しい、気高い、荘厳、崇高、神々しい、どう表現していいかわかりません。

興福寺の五重塔は、これまでも何度か明るいときに見物したことがありました。しかし、ライトアップで夜空に浮かび上がる姿を拝観するのは初めてのこと。昼間でももちろんその強烈な存在感に圧倒されますが、夜間にしかも間近に仰ぎ見るのはまた格別なものがありました。

７３０年に創建された五重塔は、度重なる落雷や戦火で焼失と再建を繰り返しました。現存するのは室町時代に建てられたものと、私たちのスペシャルなガイドさんが教えてくれました。

しばし見とれたあと、再びまち歩きを再開しました。

少し進むと、柳に囲まれた小さな池のほとりにたどり着きました。

猿沢池《さるさわのいけ》です。

五重塔が池の水面に映る風景はとても美しく、東大寺・興福寺周辺に見られる優れた風景群を指す「南都八景」の一つに数えられます。

池の向こう側に民家らしきものが密集しています。

その中の一軒だけ玄関に灯りがともっている建物に籔内さんが入っていくので、私たちも、そのあとに続きます。

夜の行軍の終点は、籔内さんの馴染みのおしゃれな和風のバー。そこで出されたカクテルが50分間のまち歩きの疲れを癒やしてくれました。


翌朝、いよいよ奈良国立博物館へ。

午前9時30分の開館と同時に入り、お目当ての十一面観音菩薩立像に直行します。

明治初めの廃仏毀釈から逃れて聖林寺（奈良県桜井市）に納まったこの十一面観音は、明治の中ごろ以降美術研究家らから大きな注目を浴びます。

特に、哲学者の和辻哲郎が著書『古寺巡礼』の中で数多ある仏像で天平随一の名作と推奨したことで名声が一気に高まりました。

籔内先生も水戸岡さんも観音様の正面からじっと見入っています。

籔内先生に至ってはしばらくの間、合掌。

私も二人に倣って観音様とにらめっこをしました。

〈天平随一の名作を選ぶということであれば、わたくしはむしろ聖林寺《しょうりんじ》の十一面観音を取るのである。（中略）そこには神々しい威厳と、人間のものならぬ美しさとが現わされている。薄く開かれた瞼《まぶた》の間からのぞくのは、人の心と運命とを見とおす観自在の眼《まなこ》である。豊かに結ばれた唇には、刀刃《とうじん》の堅きを段々に壊《やぶ》り、風濤洪水《ふうとうこうずい》の暴力を和やかに鎮《しず》むる無限の力強さがある。円《まる》く肉づいた頬は、肉感性の幸福を暗示するどころか、人間の淫欲を抑滅し尽くそうとするほどに気高い。〉（和辻哲郎『古寺巡礼』より）

この奈良訪問では、多くのことに気づき、大切なことを学びました。

それらを五つにまとめてみます。


一つ、まち歩きがこんなに楽しいものなのか、ということ。

さらに言うと、夜のまち歩きのおもしろさを発見しました。

夜間に真っ暗なまちを散策することは、さまざまな理由からそう容易なことではありませんが、条件が許すならぜひ体験することを勧めます。


二つ、多くの人が会いたいと思う人物は、究極の観光資源です。

この旅ではもちろん籔内さんのことですが、レストラン「ａｋｏｒｄｕ」のオーナーシェフ川島宙さんのところにも会いにくる人が少なくありません。


三つ、奈良のイメージカラーは茶色です。

水戸岡さん曰く、正確には土色《つちいろ》です。

お寺の柱。大木の幹。鹿。庭の土。奈良を歩くと、目に飛び込んでくるのは茶色、いや土色が多いのです。都会に住み慣れている者にとって、土色というのは新鮮でかつ懐かしいものがあります。特に庭園やお寺の敷地の土が印象的でした。


四つ、何かを見物するとき、柵や囲い、ガラスケースなどのバリアがないことがどれほど楽しいことでしょうか。東大寺南大門には、24時間３６５日いつでも無料で入れます。興福寺の五重塔にも、いつでも（夜間でも）目の前まで自由に行けます。奈良国立博物館で展示されていた十一面観音菩薩立像も、まわりにガラスケースはなし。東京国立博物館でその像を観た人に聞くと、東京ではちゃんとガラスケースに守られていたそう。

奈良は、国宝でも鹿でもバリアがありません。寛容なる土地です。

五つ、語り部のいる観光は、旅の豊かさを倍増させます。

今回は、仏像とお寺の権威で奈良のことを熟知されている籔内さんが語り部役を務めてくれました。

これほど楽しくてためになり、驚きと感動に満ちた贅沢な旅はありませんでした。また、語り部は、その土地の物語を紹介してくれます。物語を知ると旅に一段と深みが増します。

そして、物語自体もそれだけで観光資源になり得ることがわかりました。

ときに、これらをなつ星になぞらえるならば、

一、夜の車窓風景も楽しい旅路
二、また会いたいと思わせるクルーやツアーデスク
三、古代漆色の輝き
四、ガラス越しに互いの様子が見える客室と、心からバリアフリーの接客
五、コースで訪れる先々で出会う、名工や名料理人や地域の人々

こんなところでしょうか。

いまさらながら、クルーたちが考え、創り上げたななつ星の旅は、よくできているなと思うのです。

3

三章「ほぉおうっ」と唸る物語

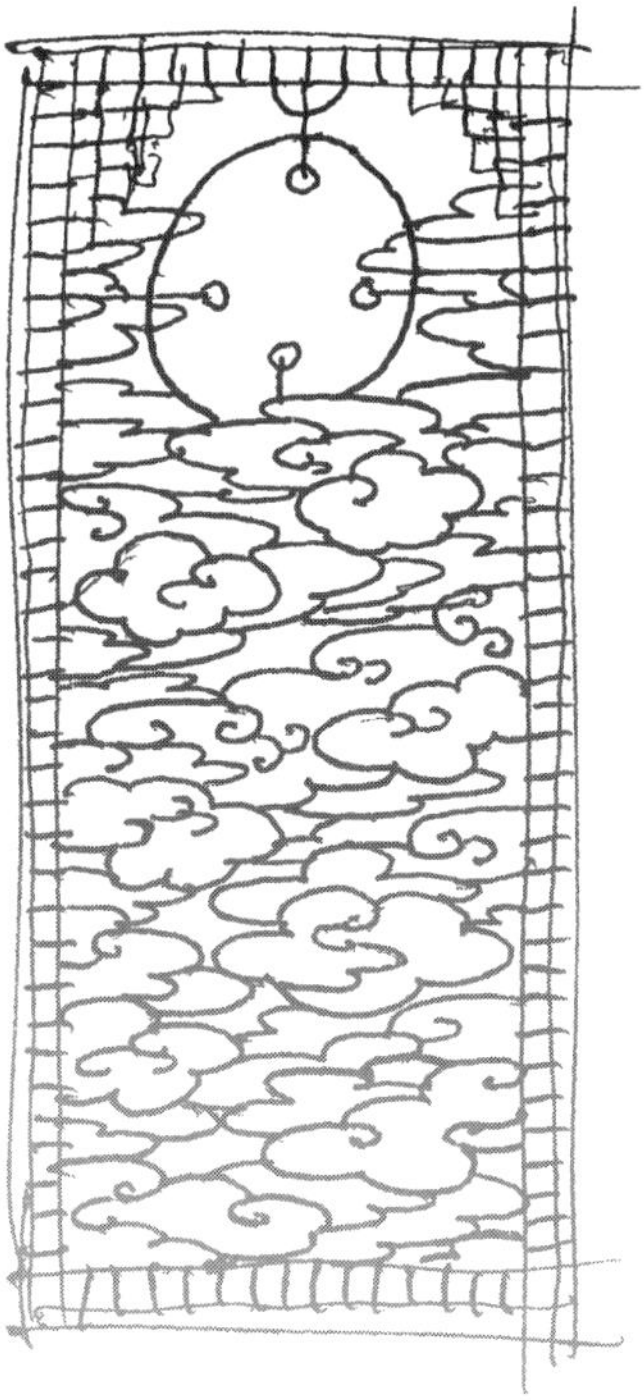

世界一をめざした「バトル」

ななつ星をつくり上げるまでには、幾度となく「バトル」が繰り広げられました。

ななつ星に関わる人は皆、世界一をめざすために安易な妥協はしません。

一人ひとりが「最高のものをつくろう」と必死なのです。

テーマがハード（車両設備）、ソフト（サービス）を問わず、しょっちゅう意見がぶつかり激論を戦わせました。

先にも述べたとおり、ななつ星が運行をはじめると、よくいろいろな人から言われました。

「ななつ星には、〝氣〟がぎっしりと詰まっている」

そうです。ななつ星には〝氣〟が満ち溢れているのです。どうして？　それは、ななつ星がもの凄い熱量と熱量がぶつかり合って生み出されたものだからです。

バトルは、ななつ星の構想を具体化させるために社内につくった「九州レールクルーズ創造委員会」の場からはじまりました。

――シャワーにするか浴槽にするか。

――車内にピアノを置くかどうか。置くならグランドピアノかアップライトピアノか。

3

――名前は「七つ星」か「ななつ星」か。

――車両の出入り口のドアの設置箇所をどこにするか。

――運行コースをどうするか。

――観光地はどこを選ぶか。

――列車に並走する専用バスをつくるか。

――客室にテレビを置くか。


とりわけ、激しいバトルの場となったのが、車両の製作現場である小倉工場です。

2012年秋にはじまった車両の製作は、1年間で仕上げなければいけないというタイトなスケジュールに追い立てられました。

そこに、日立製作所から来た精鋭の車両職人、JR九州の車両係、車両関係の子会社の社員、さらにはJR九州の熟練のOBらが集合し、「1年という短期間で世界一の車両をつくる」というとんでもない大命題に立ち向かっていったのです。

水戸岡さんが渾身の力を込めたデザインは、職人たちに妥協を許しません。ただでさえ時間が足りないことに加え、水戸岡さんの描いた設計図面どおり1ミリのずれもなく組み立てていかなければいけないことから、職人たちは緊張の連続です。

また、狭い車両の中に、床板を張る、窓ガラスをはめる、壁板を仕上げる、配線を結ぶ、照明を取り付ける、家具を据え付ける、といった多種多様な職人がひしめき合うわけですから、職人間で作業スペースの取り合いとなります。

そのため、あちらこちらでしょっちゅう職人同士のいさかいが起こりました。

運行開始まで残り2カ月しかない2013年8月、いよいよ車両製作もラストスパートに入りました。車両本体の組み立ては順調に進みましたが、内装や電気工事については完成のイメージにはほど遠いレベルしか作業が進んでいません。

そのころ水戸岡さんは、居ても立ってもいられなくなり、東京から九州にやってきて連日製作現場に詰め、陣頭指揮を執るようになります。

職人たちも、それまでの仕事のペースだと開業に間に合わないので、朝早くから夜遅くまで働き詰めの日々を送ります。

水戸岡さんも、最後の1カ月は睡眠時間が3、4時間くらいしか取れなかったのではないでしょうか。このころ、緊張とイライラがピークに達し、製作現場は戦場と化していきます。そんなとき、大事件が起こりました。

「ヒノキ工芸」の一団が突如現場から撤退してしまったのです。

3

ヒノキ工芸は埼玉県にある木工家具製作会社で、そこの戸沢忠蔵会長は日本一の家具職人と自他ともに認める名工です。

高級ホテルや旅館のみならず、宮内庁や官公庁まで日本を代表する建築の内装と家具を手がけ、著名な建築家やデザイナー、世界的企業からも圧倒的な信頼を得る存在。国宝、重要文化財の修復も国から依頼されるという圧倒的な技術と知見を誇ります。

ヒノキ工芸の職人たちも戸沢さんの号令のもといつも見事な仕事ぶりを見せてくれます。

急ピッチで内装を仕上げるべき今、求められるのは、正確にかつ高速で家具を組み立て、据え付けることです。それまでのやり方では開業に間に合わないと心配した水戸岡さんが、家具のプロ集団を招聘した。それが戸沢会長率いるヒノキ工芸でした。

ある夜中、水戸岡さんが現場で作業していると、近くにいるはずの戸沢さんがいないことに気づきました。

まわりの日立製作所の職人に訊ねたところ、「出ていきました」。

水戸岡さんは、現場にいた職人たちの話を聞き、おおよその事情が見えてきました。

事件の数時間前に、作業の遅れを取り戻すため、家具建具関係の仕事は日立に代わりヒノキ工芸が請け負うことで話がまとまっていました。

しかし、日立のスタッフが少しでも仕事を進めようと、ヒノキ工芸の了解を得ぬまま、もちろん日立側からすると善意で、その部分の仕事にとりかかったのです。

それを知った戸沢さんが、「少し前に取り決めたことが無視された。埼玉から20人もの職人を連れてきてぎりぎりの段取りを立て、さあやろうとしたときに横から押し出された気分だ。俺たちは要らないんだな」と激怒し、現場を去ってしまったということだったのです。

水戸岡さんは、戸沢さんがいないと絶対に開業には間に合わないと思っていましたから、事態を早期に収拾すべく動きはじめます。

翌朝一番で日立本社の責任者が九州まで駆けつけたり、ＪＲ九州の幹部が戸沢さんを説得したりしましたが、解決には向かいません。

3

ここからは当時のＪＲ九州社長、つまり私が登場するのですが、少々気恥ずかしいので一志治夫さんの著書『「ななつ星」物語』（小学館）から引用します。

〈（事件の翌朝）水戸岡がＪＲ九州の社長室で唐池と話しているとき、小林（※ＪＲ九州運輸部長［当時］小林《こばやし》宰《おさむ》）から電話が入った。「一応、いま、会って話をしました。会長は、『話は聞いたけど、この話は持ち帰る』と言ってます」。水戸岡は焦った。戻ったら帰ってこないというのがわかったからだ。顔を曇らす水戸岡に、唐池が、「水戸岡さん、どうしたの」と訊いてきた。水戸岡が事情を説明すると、「それはまずいね、僕にできることはある？」と尋ねられたが、水戸岡は黙っていた。「じゃあ、僕が電話をしようか」と唐池は言い、その場で電話を入れてくれた。そのときはつながらず、何回も電話をして、ようやく昼過ぎに話すことができた。結局、日立の責任者が来て、唐池が電話をし説得したことで、事態は収まり、作業は再開された。最悪の事態は寸前のところで回避された。〉

ちょっとお気楽そうな人物として描かれていますが、私も内心ヒヤヒヤものだったのを、これを書きながら思い出しました。

1号車のラウンジカー「ブルームーン」に設えられた茶室の異彩を放つテーブルは、ヒノキ工芸が手がけたものです。このテーブルは、黒ガキの板の下に割り材のヒバを組み合わせてつくられています。

２０１１年のミラノ・サローネで、日本の魅力を海外に発信するプロジェクト「ジャパンクリエイティブ」の第1回作品が出展されましたが、その中で戸沢さんは、イギリス人デザイナーのピーター・マリゴールドとコラボレーションしました。ヒバの巨木の裂け目をそのまま見せるベンチを発表したところ、たいへんな高評価を得たのですが、これは、最古の木造建築、法隆寺の建築手法に着想を得たものでした。

そもそもは、その造形に水戸岡さんがいたく感動し、「ななつ星」に招いたとっておきの存在こそが、戸沢さんとヒノキ工芸でした。

戸沢さんには、十四代柿右衛門さんの洗面鉢の設置にも尽力いただきました。

――水漏れしないように万全を期しつつ、見た目の美しさにも絶対にこだわりたいと思った。そこで鉢と棚板の間にシーリング材として錫《すず》を施したんだ。ぴったりでしょう！

こうした説明を、キラキラとした目でされる戸沢さんに、関係者一同、うっとりと聞き入ったものです。

人事もドラマティックに

　この本の初版が発売された２０２４年11月現在、当社の代表取締役社長は古宮洋二さんが務めています。私が第４代社長で、古宮さんは第６代。もともと工学部を出た技術系の人で、最後の国鉄採用組、私の８年後輩にあたります。

　一章でも少し触れたように、私が社長に就任した２００９年当時、古宮さんは運輸部長の任にあり、真っ先に「豪華寝台列車」の構想を打ち明けた一人でもありました。

「九州を一周する列車をつくりたいんだ。豪華列車をつくりたいんだ。古宮くんはどう思う?」

　当時の古宮さんは、誠実に仕事に当たる、真っ直ぐな九州男です。

　私が社長に決まった折、ダークホースどころか「地面から突然出てきたような存在」と周囲に向かって笑いをとっていたそうですから、職位の序列に気後れするところもありません。

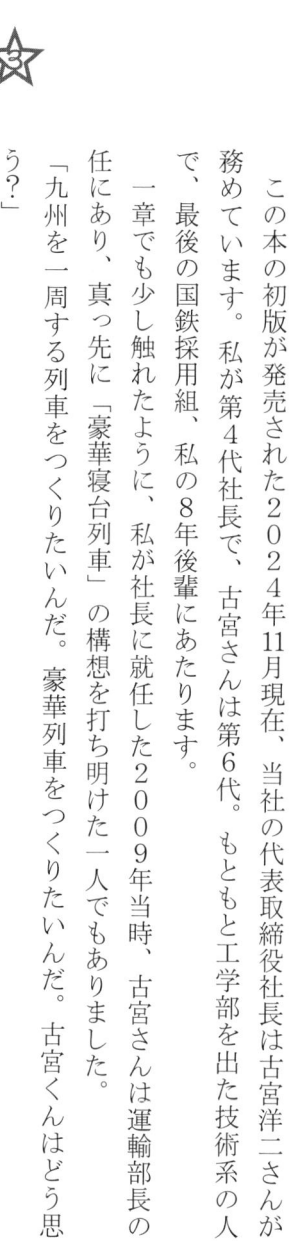

　前述のとおり、まず「反対です」とひと言。さらに「元がとれません」「社長の道楽には付き合っておられません」と続けます。今思えば、さすがはのちに社長になる男です。

　むろん、きちんと理由があって、「元がとれません」というのは当時のＪＲの運賃基準に照らすと、運行コストや維持費と合わないということ。

２０１１年の３月には九州新幹線の全線開業を控え、さらに博多駅ビルの開業も予定されていました。

しかし、ほとんど間髪を容れず、「豪華寝台列車」検討のため、韓国を走る豪華寝台列車「ヘラン」視察行に古宮さんを誘ったわけです。

——まだ諦めてないのか？

そんな顔をしながら、同行した古宮さんも「ヘラン」が採算も確保しながら、富裕層の支持を着実に得ている事実に少し気持ちが傾いたようでした。

そもそも彼は、大の鉄道好きの自称〝技術屋〟です。前例のない列車を走らせることにロマンを感じないはずが、わくわくしないはずがありません。

さらにソウル最終日の夜に、やはり同行していた水戸岡さんがうまく合いの手を入れてくれたのでした。

——古宮さん、今度、営業部長になるんだって？

当時のＪＲ九州ではまだ、技術部門を出自とする社員が営業部長になった前例はありませんでした。前例がなかったからこそ、古宮さんにも私が人事に秘めたメッセージは、強く伝わったようでした。

もっとも、古宮さんの肚は決まったようでしたが、新幹線開業までのてんてこまいな日々は私もわかっていたので、しばらく放っておきました。

無事に開業もなった5月、今度は当時の営業課長がいいアシストをしてくれました。

――古宮部長、そろそろあの仕事しないと、社長に怒られますよね？

そうやって、古宮さんはいよいよ「豪華寝台列車」の仕事に本腰で取り組みはじめます。

その後、異例の人事を断行した私の予想をはるかに超えるスピードで、技術的な難関のみならず、営業面やプロモーション面の課題も次々とクリアしてみせたのでした。

組織図に込めた思い

ななつ星の運行から営業まですべてを司る部署は、クルーズトレイン本部といいます。

この部は、ななつ星の業務をすべて行います。そして、ななつ星以外のことは何もやりません。

たとえば「或る列車」「36ぷらす3」、２０２４年にデビューした「かんぱち・いちろく」といったD＆S（デザイン＆ストーリー）列車のことはやりません。

それらは営業部の裁量の列車となっています。

もともと２０１２年の立ち上げ時、クルーズトレイン本部はまだ営業部に置かれていた「準備室」の位置づけのプロジェクトチームで、私、つまり社長の直轄事業としていました。

一方で、運輸部の協力を大いに仰ぐ姿勢を欠いては、ななつ星は成功しないだろうという組織人としての私の状況判断が働いてもいました。

前項で書いたように、運輸部長を前任した古宮さんを営業部長に据えたのは、運輸面での不都合を解消してもらいながら、ななつ星実現、実装に向けて推進してもらおうという社長《わたし》の経営判断《ワガママ》がそこにはありました。

クルーズトレイン本部は、２０１３年のななつ星運行開始以降、営業部、運輸部、新幹線部と同様に鉄道事業本部に属する独立した部として確立されています。ここには、ななつ星という列車の存在意義や存在理由を社内ではっきりと差別化し、明示するという意志が表れています。

社内、ＪＲはおろか、日本でまったく初めてのプロジェクトでしたし、価格設定やそのブランディングもまったく新しく独特のものでした。

まずは社内から〝特別扱い〟する必要がありました。

人事においては、古宮さんの働きぶりを参考に、運行開始後は運輸部長がクルーズトレイン本部長を兼任する形をとりました。

これについては、以下の二つの理由を社員と共有しました。

一つは、ななつ星はあくまでほかの列車も走る線路の上を運行する列車であるということ。

社のトップの直轄事業であることに変わりはないけれど、運輸のトップもななつ星を特別扱いしてくれなくては、運行ダイヤやコース選定も特別なことができません。

もう一つは、車両のメンテナンスも運輸部が行うほかないということ。

ななつ星は毎回運行時に必ず保守点検のチームが入りますが、彼等はもちろんクルーではないし、クルーズトレイン本部に属してもいません。あくまで運輸部に所属する社員です。

しかし、水戸岡さんがななつ星のためにデザインした白のユニフォームを着て、保守点検作業に当たります。それは、彼等もユニフォームも、運輸部長兼クルーズトレイン本部長の下にあるものとするという組織図に基づいているのです。

クルーの1期生である小川聡子さんの職位は、現在クルーズトレイン本部次長です。職位

3

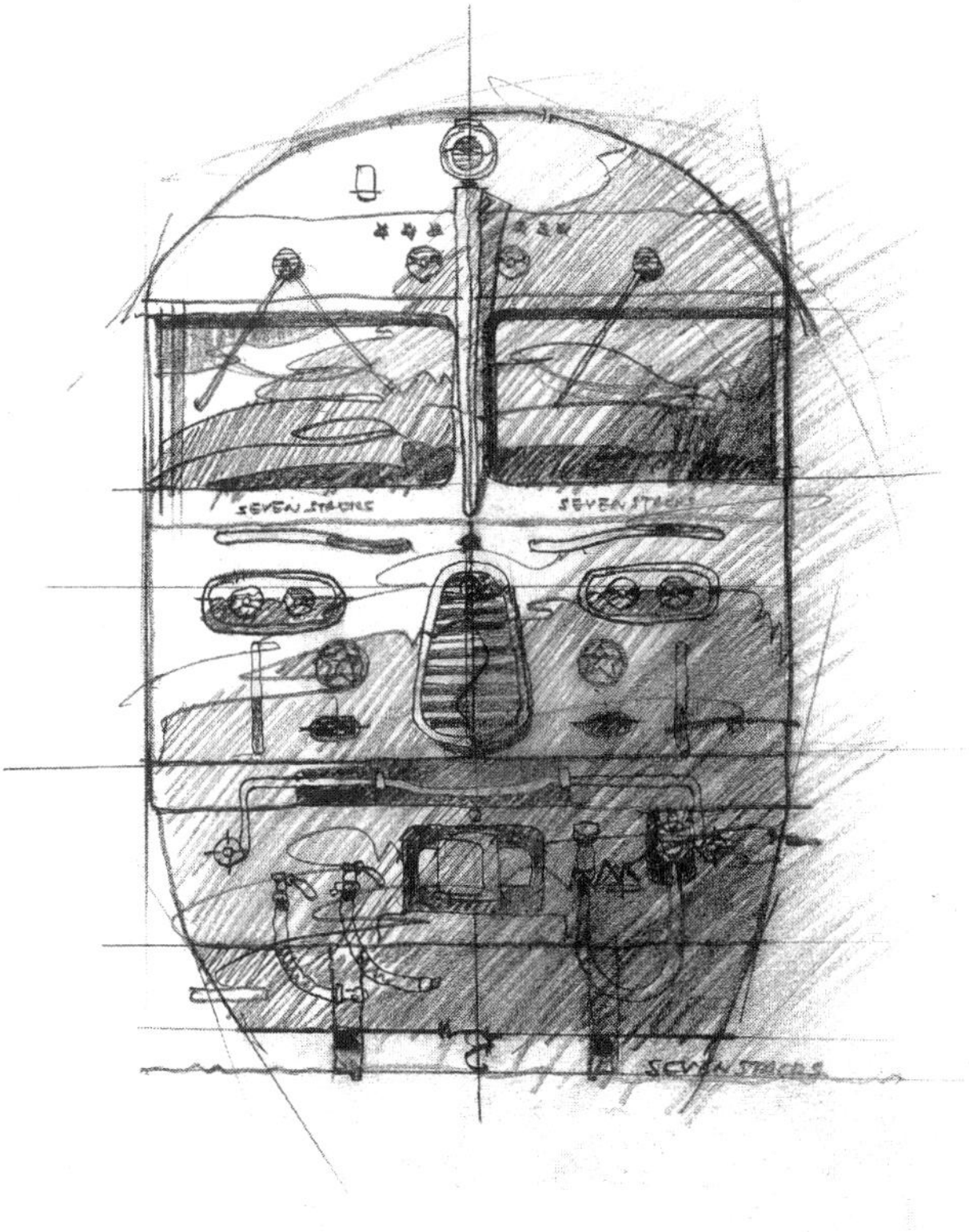

としては、運輸部長兼クルーズトレイン本部長の部下となるわけですが、クルーズトレイン本部のみに所属する社員としてはトップの職位でもあります。

「ななつ星の今の親分は小川さん」

私がいつもこう言い切る理由は、こうしたロジックと実際の小川さんの働きぶりに基づいています。

安全もクリエイティブに

こうした組織づくりが最も活かされた例の一つが、２０１６年の熊本地震です。

車両は熊本県八代市の肥後二見駅に停車中。これは、同年４月から乗り入れがはじまったばかりの第三セクター、運輸部が連携を司っていた肥薩おれんじ鉄道の駅でした。

このとき、クルーズトレイン本部は熊本と博多を結ぶ鹿児島本線の北上を以て、博多駅に速やかにお客さまをお送りすることを検討します。しかし、運輸部の確認によると、地震の影響は鹿児島本線には甚大で無理と判断。ここでクルーズトレイン本部の判断で、常にななつ星に並走して走っている「ななつ星バス」でお客さまの輸送という選択をしました。

この連携はすなわち、運輸部長がクルーズトレイン本部長を兼ねていたからこそ、当時のクルーズトレイン本部次長であり、ななつ星の実質的リーダーだった仲義雄さんが速やかに判断ができたわけです。

また、運行開始時から、ななつ星の直前のダイヤには、必ず貨物列車や1両編成の列車などが走るように組まれています。

これは、その線路が運行に支障がないか、何か大小の事故につながるような不具合やリスクがないかをチェックする目的も込められています。特に豪雨災害などのリスクもある九州では、ある意味で不可欠なスキームといえるでしょう。

こういったダイヤを引くことができるのもやはり、運輸部との連携が生きているのです。

また、ななつ星の運転士の出動は福岡をはじめ長崎、大分、熊本、鹿児島、宮崎の各支社長の管轄となっています。

本社の直轄である支社は、すなわち社長の直轄だから、やはり系統がスムーズになるわけです。ななつ星の運転士は、もともと支社長の配下の運転部署、乗務センターとか運転区とか、そういったところに所属していて、ななつ星の運転をそこからしてもらっている、そういう命令系統、組織系統になっています。運転士は各支社の受け持ち線区ごとで交代制となっており、常に選りすぐりの優秀な運転士が出勤するようになっています。

細かなことですが、運転士にもななつ星のユニフォームが毎回貸与されます。

こうして、各支社の支社長以下全社員が「自分たちもななつ星の一員だ」と誇りを以って職務に当たるメンタリティが培われます。

これらは、支社長をすべて「ななつ星担当」兼務という職位にしたことに所以《ゆえん》していま す。

ゼロから創生された「世界一」ブランド

ななつ星が、JR九州も含めたさまざまな豪華列車と大きく異なる点が一つあります。

それは「ゼロから創り出されたブランド」だということ。

クルー1期生が採用されて半年後、彼等は3泊4日および1泊2日のコースづくりに臨むことになります。

――最初からずっと見て、一つひとつを考えに考えて、ゼロから生み出しているので、一個一個のDNAまで全部自分たちで組み立てて作ってきたという思いがある。

1期生メンバーの中心的存在であり、ななつ星の実質的リーダーである小川聡子クルーズトレイン本部次長は、今もそのように語ります。

実際、ななつ星と人気を三分していると言われて久しいJR東日本の「TRAIN　SUITE 四季島」、JR西日本の「TWILIGHT　EXPRESS 瑞風」の製作チームは、構想段階で何度も当社に足を運ばれ、小川さんをはじめとするクルーズトレイン本部へのヒアリングを繰り返していました。

ヒアリングを受けた彼等曰く、方法論、メソッド、車両づくりのノウハウなど、ソフト&ハードの核となるものはそのまま運用され、その外側のパッケージ部分をご自身たちで創意工夫したような印象だと語ります。

次章でもくわしく触れますが、今回の本を書くにあたり、私はななつ星1期生クルーの小川さんに加え、数澤《かずさわ》康弘さん、渡邊祐一さんの二人にも話を聞きました。

そのなかで、彼等1期生たちからは、同じJR九州内の列車についても、シビアな意見が飛び交いました。


――やっぱりななつ星って、ほんとに全然違うものなんですよね。

――今までJR九州にあったものとはまったく違うものだと思ってやってきたし。

――そこを一緒くたにするような状況が出てきたら危惧することになるだろう。

彼等が言うには、私がトップとして立ちまわっていたときには、ななつ星をいかにブランディングするかという意識が、はっきりしていたというのです。

今はひょっとすると、そういった区別が鮮明でないのかもしれないと。

――オリジナルがあって、それ以外のものがあってという配置も、みんな、ちゃんと分けて考えられてない。

――もっとしっかりと分けて、きちんと別に考えたほうがいいんじゃないか。

――そうだ。もっときちんとブランディングについて考えるべきだ。

私たちが考えるべきブランディング

近年、よく耳にするブランディングという言葉。

実際、ななつ星の運行開始前から、皆の口によくのぼっていた言葉でもあります。

では、私たちが九州で考えたブランディングとは、いったいどういうものだったのか。

また、これからも考えるべきブランディングのあり方とは。

『広辞苑』には、こうあります。

〈企業などが、自社製品や企業そのものの価値やイメージを高めようとすること〉

ただし、古い国語辞典には記載がありません。

ちなみに、英和辞典でbrandingは「ブランド戦略」と訳されます。


この言葉、日本ではいつごろから汎用されたものなのか。

私が経済界、財界の名だたる関係者から聞いている限りの定説は、国内では広告代理店など、マーケティング信奉者の人々が使いはじめたのが１９９０年代後半。

これは、米国の経営学者デービッド・Ａ・アーカーが書いた『ブランド・エクイティ戦略』（ダイヤモンド社）の訳書が出まわった時期と重なるそうです。

そうやって、ブランディングという概念は、企業マーケティング戦略の中で中心的なポジションを占めるようになっていったようです。ちなみに、ブランド・エクイティというのは「ブランドが有する価値」のこと。

私が見る限り、ブランディングという言葉は、用いる人によって、また企業によって、さまざまな解釈、便利な活用がなされているようです。

一方、マーケティングのなかの一要素に過ぎないとか、ブランドイメージを高めるための広告宣伝手段に過ぎないとか、あるいは高級感を打ち出すことそのものといった、努めて過小評価したがっているのか?と思わされるケースも見え隠れします。

そうした状況を眺めているなか、かつてダイヤモンド社から『感動経営』を出版いただいた折、同社よりご紹介いただいた天狼院書店店主の三浦崇典さんが2021年に出された本のなかに、思わず小膝を打つような記述を見つけました。

――灯台下暗しとはこのことか。

つくづく、そう感じ入った一節をここに紹介します。

〈ストーリーを明確に描き、質の高いコンテンツを開発し、モデルが最適化され続け、戦闘力の高いセールスフォース(注※=セールス人材)を保有して、堅実に利益を上げられ、キャッシュフローを潤沢にできるくらいのエビデンスを吐き出し続け、上昇スパイラルを維持し続けてマネージメントを十全にし続けた先に、まるで天空の城ラピュタのように浮かび上がるのが「ブランド」です。つまり、ブランディングとは、その全てを欠けることなく行った結果であって、「では、私、ブランディングやります」というノリでやれるものではありません。〉（三浦崇典『1シート・マーケティング』より）

成功の五つの要素

ななつ星のブランディングは、確かな成功を収めました。

そこには数多くの要因がありますが、いくつかの大きな柱にまとめることができます。

ななつ星のブランディングを成功させた要素とは、この本の章立てにもなっている、次の五つです。

1. 思い切り心ときめく車両
2. 「ほおぉうっ」と唸る物語
3. 誰も体験したことがない「おもてなし」
4. わがままで傲慢な、販売戦略とブランディング
5. 「変幻自在」の広報宣伝

1については、水戸岡鋭治さんのデザインくださった車両です。これは三浦さんがいうところの「質の高いコンテンツ」そのものでしょうし、まさに『天空の城ラピュタ』のような、奇跡的に浮かび上がったものだったかと思います。

2は、けっして狙いすましたものではありません。結果として、物語性豊かなスタートになったということです。ただ、国鉄分割民営化を経て、「いつ本州のＪＲに吸収されるやもしれぬ」と真剣に考えていた私たちだからこそ、ドラマティックな成功に導かれたのかもしれません。そして、ＪＲ九州初代社長の石井幸孝さんが一気に多角化に舵を切るなかで、私自身も船舶事業、外食事業など鉄道会社の本流でない事業で経験を重ねた経験がＤ＆Ｓ列車や新幹線開業といった本流の仕事につながり、それらがななつ星の実現に収斂していったことが長大な一編のドラマのように感じられるのです。

3については、1期生として採用されたクルーたちがつくり上げた接客スタイルです。クルーたちは「戦闘力の高いセールスフォース」そのものでしょう。また、「モデルが最適化され続け」た結果、最新の15期生まで、そのメソッドとメンタリティが継承され続け、結果として世界中のお客さまに最高評価をいただくという「エビデンス」を現出しています。——お客さまと、地域と、関わる人たちの多さと、熱量。これはほかの列車がどうこうでなく、ななつ星が桁はずれに違いすぎる、凄すぎる。

これは、クルー1期生の渡邊祐一さんの言葉です。

☆3

4については、独特の販売スタイルにそのまま表れています。

ななつ星の旅行代金は、通常の鉄道運賃とはかなり額が違います。

3泊4日コースの場合、スイートの客室で一人125万円〜、DXスイートの客室だと170万円〜という高価格（2024年9月現在）。しかもお客さまには、予約が確定した日から1カ月以内にその代金の20%を正式な申込書と同時に納めてもらいます。

そして、運行開始以来、毎年のように値上げが行われています。

またななつ星のチケットは駅では販売していません。予約も受け付けていません。駅にはななつ星に関する案内もポスターもパンフレットもありません。

その世界観を日常と切り離そうと思い、駅という極めて日常的な場所では、ななつ星の「な」の字も表示しないと決めたのです。

予約しようと思われた方は、JR九州本社のクルーズトレイン本部（通称ななつ星本部）

にある専用のツアーデスクに電話をかけなければいけません。

じゃあ、ツアーデスクに電話をすれば予約が済むのか。

答えは「ノー」です。

ツアーデスクからななつ星のホームページを紹介しますので、そのホームページからネットでの申し込みとなります。（注※現在はホームページから直接予約可能）

申込期間も限定しており、春と秋の2回、それぞれ1カ月の間に申し込んでいただく仕組みになっています。たとえば、2025年4月の1カ月間の申込期間に申し込める列車は、半年後の2025年9月から2026年2月までに出発する列車のみです。

そして現在も、開業当初と変わらず、高い倍率を保っています。

申し込みの際、出発日と希望される客室のタイプを指定していただくのですが、毎回複数人の立ち会いのもと厳正な形で行われる抽選で決定することになります。


5は主に開業直前のことになります。

運行開始まであと1年となった2012年9月から怒濤のごとくメディアへの情報提供（プレスリリース）と告知イベントを行いました。

9月3日に「クルーズトレイン本部発足のお知らせ」、9月19日に「ななつ星の運行開始日と予約受付開始のお知らせ」というように、ほぼ1～2週間おきにななつ星に関する情報を連発していきました。

運行開始の2013年10月15日までの1年間に、30本近くのリリースを行ったのです。

10月1日には、「クルー入社式およびクルー任命式」を博多駅前のホテル日航福岡で厳粛に挙行し、併せてメディアに25名のクルーを紹介しました。

社外からななつ星に飛び込んできてくれた13名は、出身が航空会社、一流ホテル、クルーズ客船、高級レストランと多士済々。

予想どおり、その陣容にメディアも高い関心を示しました。

翌日の記事やニュースに大きく取り上げられたこと自体が、狙いどおりたいへん効果的なPRとなりました。

この1カ月は、1年後に運行をはじめるななつ星の予約受付期間にもあてていました。

予約できる日程は、運行開始の2013年10月から12月までの3カ月間の列車が対象です。10月31日にはその予約状況を発表。ようやく車両の製作にとりかかったころで、ビジュアルは水戸岡さんのイラストだけが頼りです。

それなのに、驚くことに7倍を超える申し込み倍率となりました。それもまた、驚きを伝えるニュースとして、新聞各紙の記事になりました。

そして、いよいよ厳正なる抽選本番を迎えます。

11月15日ホテルオークラ福岡で、大勢のテレビカメラと記者たちの立ち会いのもと大公開抽選会を執り行いました。言うまでもなく、翌日の記事とニュースで大きく取り上げられました。

博多駅内に設けたななつ星専用のラウンジ「金星」のお披露目、車内で提供する料理とその料理人の紹介、有名シェフのスイーツ、阿蘇駅のななつ星専用レストラン「火星」オープン、観光で使用するななつ星専用のバスの公開などなど。

堰を切ったように、これでもかと情報公開と提供を続けました。

運行開始直前の2013年9月13日になって、通称「秘すれば花」戦略のもと、隠し通していたななつ星の車両のリアルな姿を初公開。

このころには、ななつ星の記事も全国版で扱われるようになり、テレビキー局がトップニュースとして扱うようになります。

クリスマスの奇跡

この本をここまで読まれた方には、よくおわかりいただけたかと思いますが、ななつ星が「世界一」に輝くまでの道には、じつにさまざまな人間模様、ドラマ、物語が存在しています。

私は「ゆふいんの森」にはじまるＪＲ九州自慢の観光列車群に「Ｄ＆Ｓ（デザイン＆ストーリー）列車」と名付けたくらい、物語をこよなく愛し、また何かをなす前には物語《ストーリー》が必要で、なされたあとには必ずよい物語（ドラマ）が生まれるものと固く信じています。

ここでは、ななつ星が生まれるまでに、私の心に深く刻まれ、そして糧となった、身近に実際に起こった物語をご紹介したいと思います。

クリスマスが近づくと、いくつになってもわくわくします。

特に最近は、夕暮れ時に博多駅界隈を歩くと一段と気分が高揚してきます。

理由は、クリスマスマーケットです。

博多駅前広場のクリスマスマーケットは、ななつ星が運行開始して間もない、２０１３年冬にスタートしました。

年を追うごとに出店するヒュッテ（注※ドイツ語で山小屋のこと、屋台）の数も増え、来場者数も右肩上がりに伸びていきました。

今や、博多駅のクリスマスマーケットは、福岡の冬の風物詩となっています。日本一のクリスマスマーケットといっていいでしょう。

じつはこれは、一人の若者の強い思いから生まれた熱いイベントなのです。

クリスマスマーケットは、14世紀ころにドイツで誕生したのが起源とされています。

今では、ヨーロッパ各地でクリスマスの前日までの1カ月間それぞれに趣向を凝らし盛大に開催されています。なかでも発祥の地ドイツでは、国内各都市で１０００を超えるマーケットが開かれ、年間の来場者数が数百万人にものぼります。

２００７年12月、友人に誘われドイツのクリスマスマーケットの視察ツアーに参加しました。

なかでもお目当ては、世界一有名なクリスマスマーケットの地とされるニュルンベルク。会場、といってもまち全体が会場なのですが、一歩足を踏み入れると、まちじゅうに飾られたイルミネーションの輝きに圧倒されます。

巨大なクリスマスツリーのまわりに数百というヒュッテがひしめき合い、それらに挟まれた通路はホットワインを手に散策する人々でごった返しています。大人も子どももみんな喜

☆3

びに満ち溢れた表情を浮かべています。

福岡から来た8名のツアー参加者の誰もが鮮烈な感動を覚え、こういうイベントが福岡でも開催できたらどんなに素晴らしいことだろう、と考えました。

ほかならぬ私も、そうでした。

しかし、帰国してしばらく経つと、再び社長業にいそしみながら「あんな大イベントを福岡でやり通せる人はいない。自分も今はそんな余力はないし。実現は難しいだろう」と情けない話ですが、内心半分諦めていました。

他の参加者も同じだろうと思っていました。

しかし、一人だけ違いました。

ツアー参加者のなかに、20代の若者がいました。佐伯岳大《さえきたかひろ》さんです。

ドイツでの興奮をすっかり忘れ、同年開業予定のななつ星やその他事業に日々邁進していた2013年夏、その若者が突然、JR九州の社長室にやってきました。

簡単な挨拶のあと、再会を懐かしむ間もなく、彼は真剣な目を私に向けました。

――一緒にドイツで視察した、クリスマスマーケットをぜひ博多駅で再現したい。

揺るぎない、熱き思いがびんびんに伝わってきました。

佐伯岳大さんとは、どんな人物でしょうか。

佐伯さんは、大学生のとき19歳で起業。２００７年にサエキジャパンという会社を立ち上げましたが、最初はプラスチック廃材の輸出関連の事業からスタートしました。

そこからイベント企画会社へと軸足を移していきます。

そんななか、２００７年に私どもとともに、ドイツのクリスマスマーケットの視察に行きました。

佐伯さんはそのときの衝撃と感動がいつまでも忘れられなかったそうです。

福岡の人たちにもその感動を知ってほしいという思いが抑え切れず、視察メンバーにいた私がいつのまにか、誰も予想していなかったのに社長になったことも、一つの縁だと考えて、「博多駅で本場のクリスマスマーケットを！」と訪ねてきてくれたのです。

駅前広場の運営管理は、ＪＲ九州のグループ会社であるＪＲ博多シティが行っています。

佐伯さんから聞いた話をその日のうちに同社の丸山康晴社長（当時）に伝え、さっそく佐伯さんに丸山社長と会ってもらうことにしました。

——いかにして博多の駅前広場に賑わいをつくるか。

じつは、博多駅界隈のまちづくりに熱心な丸山社長にとっても、この命題が最大の関心事だったのです。

さらに丸山さんこそ当時のＪＲ九州グループの中で夢を追い、ロマンを語るいちばんの人と確信していたからでした（ちなみに私は2番です）。

予想どおり、佐伯さんの情熱に感激し共感した丸山さんが、２０１３年のクリスマスマーケット開催に、ゴーサインを出すや否や、このプロジェクトは一気に動きはじめます。

クリスマスまで残り４カ月もありません。

実際のすべての準備は佐伯さんとその仲間数人だけで猛烈な勢いで進められました。

佐伯さんには「本物のドイツのクリスマスマーケットをつくる」という強い信念がありま す。じつはそれこそが、開催準備をいっそうたいへんなものにしました。

仕事量は気が遠くなるようなボリュームになっていきました。

佐伯さんは自ら、困難な道を選んだのです。

ホットワイン、食材、職人手づくりのクリスマスグッズなどは、佐伯さん自身がヨーロッパに直接買い付けに。

販売する店として、こうしたイベントにありがちな屋台やテントではなく、本場ドイツさながらのヒュッテを20棟以上も造作。

ホットワイン用の陶器のマグカップは、既製品を使わずに、新進気鋭のデザイナーが絵付けをしたオリジナルのものを製作。

働き手の採用も、山ほどこだわりがありました。

ヒュッテの売り子は、本場の雰囲気を出すために福岡に住むドイツ人留学生を中心に採用。

会場の真ん中に設けられたステージでは音楽ライブやさまざまなパフォーマンスが毎日日替わりで繰り広げられますが、ほんとうに実力のあるアーティストだけを確保。

西日本の博多で、ドイツ・ニュルンベルクのクリスマスマーケットを現出させるために、文字どおり東奔西走です。

１００人採用した、会場の運営スタッフの教育研修も佐伯さん自ら行い、いよいよ、クリスマスマーケットの開幕が近づいてきました。

２０１３年11月19日、博多駅クリスマスマーケット初日。佐伯さんはじめスタッフ一同、「やることはやった」という思いと、はたして寒い冬に屋外の会場にどれだけの人が来てくれるのか、という不安が相半ばした気持ちで営業開始時刻を待ちます。

17時の店舗のオープンと同時にどっと人が押し寄せました。

その後も入場者が途絶えません。18時ころには、会場内は立ち席も含めてほぼ満席になりました。ホットワインの甘い香りがあたりに漂っています。

3

関係者全員、心の中で「やった！」と叫びました。

それでも佐伯さんだけはまだ、安堵の表情を浮かべてはいません。

初日から連日、会場は笑顔と歓声に満ち溢れていました。

佐伯さんも少しずつふだんの笑顔を見せはじめました。

12月25日、いよいよマーケットの千秋楽。

27日間、冬の夜に博多駅前広場が連日こんなに賑わったことはありません。

この日も今までと同じように夕方からずっと来場者が絶えません。前日までと違ったのは、22時を過ぎてもお客さまがまったく減らないこと。

それどころか逆に増えてくる勢いです。

23時を迎え、どのヒュッテも閉まりましたが、広場はまだ大勢の人でごった返しています。

12月の博多駅で、こんな時刻のこんな状況は、今まで見たことがありません。

これから〝何か特別なこと〟が起こりそうな異様な雰囲気に包まれました。

どこからともなく、手拍子に合わせた大きな掛け声が沸き起こります。

「サ・エ・キ！　サ・エ・キ！　サ・エ・キ！……」

またたく間に全員のコールとなって会場に響き渡ります。みんなが、マーケットの立役者、佐伯さんの言葉を待っているようです。

スタッフから押し上げられるようにしてステージの中央に彼が立つと、会場のボルテージが一気に頂点に達しました。

「福岡で、本場ドイツのクリスマスマーケットを再現することが私の大きな夢でした」

会場の全員に謝辞を述べてステージから降り、待ち構えていたスタッフから「やりましたね」と握手を求められた瞬間でした。

いきなりがくっと、膝から崩れ落ち……もう堪えられない、とばかりに号泣しはじめたのでした。それまで背負っていた重い荷物から、解き放たれた瞬間だったのでしょう。

あれから11年。博多駅のクリスマスマーケットは、年々規模を拡大しています。

２０１５年からは、天神・福岡市役所前広場でも同時開催されるようになり、すっかり福岡のまちに定着した感があります。

サエキジャパンのホームページに掲載されている、トップメッセージの中にこんな言葉を見つけたので、ご紹介します。

「大変は楽しいよりずっと楽しい」

３ フルーツ王国の奇跡

じつは、ななつ星は電車ではありません。

電車とは文字どおり電気を使って走る車両のことで、多くの電車は車両の上部にパンタグラフというものが付いており、それを通して架線から電気を受けながら走ります。

このパンタグラフが、ななつ星の上にありません。

ななつ星はディーゼルエンジンで走る列車、つまり機関車です。

これには一つ大きな利点があります。それは電化されていない、架線が配されていないローカル線や単線も走ることができるということ。

ななつ星ならではの「おもてなし」の真骨頂は、九州中の運行路線地域の人たちの応援、サポートにあると思っています。

博多駅を出発するとき、動き出した列車に向かってホームから、ＪＲ九州社長をはじめスタッフ20名ほどが手を振って見送ります。

一般の列車のお客さまも乗降するホームなので、そこに居合わせた通勤客や旅行客も一緒に手を振ってくれます。

100名を超える人が手を振るのですから、車内のお客さまはその光景にいたく感激されます。

走行中車窓から外に目をやると、沿線のマンションのベランダから、農作業の手を止めて畑のど真ん中から、道路の脇に車を止め運転席から、あちらこちらからたくさんの人たちが、ななつ星に満面の笑みで手を振ってくれます。停車駅でもそうです。

博多駅を出発し久留米駅から久大本線に入り、しばらくすると、福岡県うきは市を通過します。

沿線にある山春《やまはる》保育所では毎回欠かさず、30名近い園児たちが保育所の前に並び、みんなで大きくそしてかわいらしくななつ星に手を振ってくれます。

クルーも心得たもので、保育所が近づくとそうした恒例の歓迎イベントをお客さまに紹介します。

お客さまはそのことを知り、窓際に近づき手を振る園児たちに笑顔で手を振り返します。

お客さまのなかには、旅からお帰りになったのち、保育所にお手紙やお礼の品を送られた方もいらっしゃったと聞いています。

車窓越しに、園児たちとお客さまがつながっていたのです。

のちに、ななつ星は、限られた景観の名所を通るときと同様に、この保育所の前を徐行運転するようになりました。

じつは、うきは市にはある立役者がいました。

麻生幸徳さんという市役所職員の方で、今ではもうななつ星のクルーたちでもお馴染みの人物です。

運行開始以前から「ななつ星のためなら何でもやります」とおっしゃってくださっていて、実際に２０１３年10月15日の運行開始日には筑後川の鉄橋下から１７７人もの住民の方々がななつ星に手を振るという、たいへんに印象的な一大シーンを演出された方でもありました。

なんでも、保育園から幼稚園から、麻生さんが声をかけると、みんな来てくれるということで、クルーたちにとっても、非常に心強い存在だったようです。

特に地元で採れるフルーツの推薦は熱心で、クルーがその熱量に押されて「うきは駅から積んでいただけるのなら……」と言うと、次の日には園児たちを伴って現れた麻生さんによって、大量のイチゴやシャインマスカットが持ち込まれたといいます。

圧倒的な情熱とスピード感溢れる仕事ぶりに、クルーたちもうきはのデザートを食事シーンの演出に採用し、「いま、うきは駅で運び込まれたシャインマスカットです！」と大きな房ごとお客さまにお見せしたあと、受け取ったシェフがそこからカットして盛り付けるというライブ感溢れる名物シーンが誕生することとなりました。

また当時、うきは市は「フルーツ王国うきは」というコピーのもと、キャンペーンを張り、今ではこのイメージがすっかり定着している感があります。

麻生さんと「或る列車」などで現在も仕事を重ねているクルー1期生の渡邊祐一さんは、「ななつ星とうきはのフルーツは並走しながら、ブランドを高め合った」と振り返ります。

こうした交流を経て、通過駅であったうきは駅に「なんとかななつ星を停車できないか」という意見が、クルーや関係者の間で自然に発生し、その後ほどなくして停車駅の一つとなりました。


ななつ星が走りはじめようという当時、「社長直轄事業」みたいなイメージが全社的に広がっていました。

古宮洋二さんに「社長の道楽」と呼ばれてから、国鉄入社時の同期生であるＪＲ東海の柘《つ》植《げ》康英《こうえい》さんに「クレージートレイン」呼ばわりされてから、時は経ちいつのまにか「直轄事業」となっていました。

一度気運に乗ってしまえば、もう全社を挙げて協力してくれました。

鹿児島、宮崎、大分は、夏になると線路が草木で覆われ、桜島が一望できる本来の美しい景観が台なし、というスポットが数々ありました。

しかし、ななつ星がいよいよ走り出そうというころには、すべての現業機関で競うように伐採作業や草刈りがはじまったのです。

当社だけの取り組みでも充分だったのですが、それを見た沿線地域の自治体、有志の方々もそうした清掃作業に参加してくださるようになりました。

福岡の大牟田や熊本の玉名といった地域では、線路沿い一面に花を植えてもくださいました。

ななつ星の旅は、列車から降りて沿線地域を観光するための、ななつ星オリジナルのスペシャルプログラムを組み込んでいます。

クルー1期生の長期間の研修をはじめ、新人クルーの研修でいつもお世話になっている由布院では、まちを挙げ、まるで家族を迎えるかのようにぬくもりに満ちた歓迎をしてくれます。

由布院駅舎の中で郷土芸能が披露されたり季節の草木の大きな装飾が飾られました。散策されるお客さまのために「星見ケ丘」と名付けられた場所で、走行するななつ星に手を振っ

たり、特別な里道の散策プランが用意されました。

由布院の人たちは言います。

——由布院にとって、ななつ星は家族と思っていますから。


ななつ星というブランドは、こうした地域の方々の熱心な後押しやエピソードによって、徐々に磨かれていったものと改めて今思っている次第です。


ときおり、「東京までななつ星を運びましょう」なんてお誘いや提案を受けることもあります。

しかし、すべてお断りしています。

九州でないと、違うものになってしまう。

現在のななつ星ならではの「おもてなし」が実現できなくなる。そう、考えるからです。

たとえば、本州のどこかの地域に行って、うきはや由布院のように歓迎してくれる、そんな熱い気持ちがあり得るか。きっと、ありません。

ななつ星は、やはり「in 九州」。

だから、九州から出てはいけないと思っています。

四章　誰も体験したことがない「おもてなし」

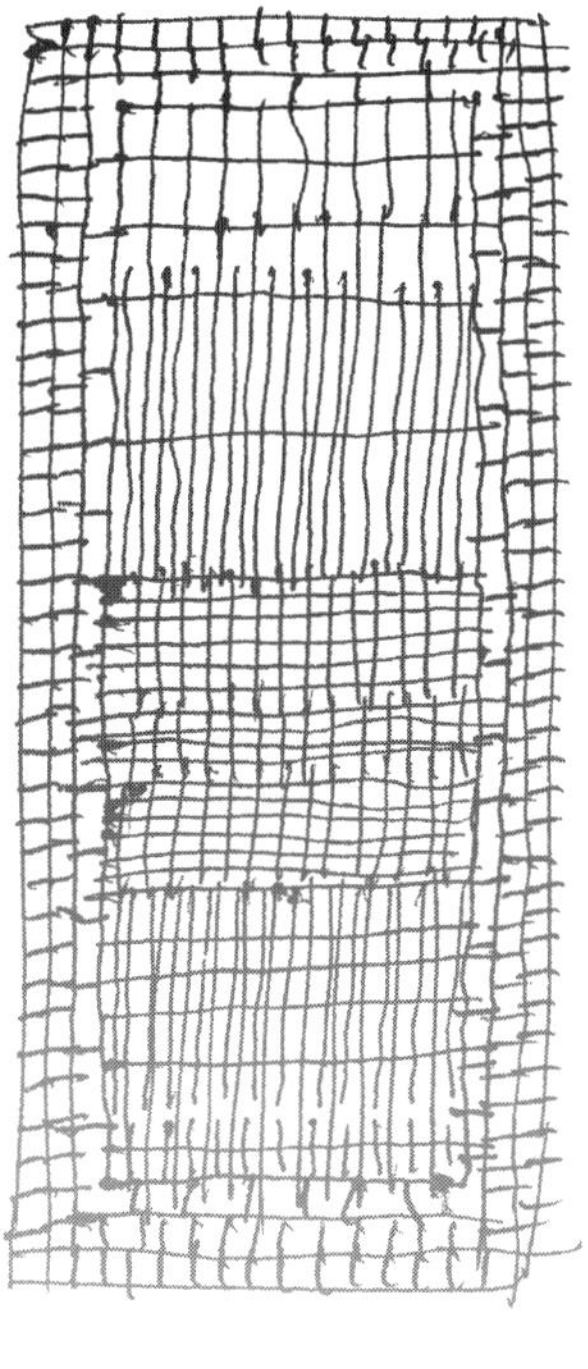

ツアーデスク

ななつ星のブランディングを決定づけているものとして欠かせないのが、ツアーデスクの存在です。

このツアーデスクによる「おもてなし」は、乗車の数カ月前からはじまります。客室の予約は、前章にもあるように乗車の半年ほど前の厳正な抽選で確定します。お客さまの旅は、確定（当選）のお知らせをツアーデスクからお客さまに伝えたときからはじまります。

お客さまは、担当のツアーデスクに頻繁に電話をかけてきます。

――1日目の料理は何？　2日目は？　3日目は？

――車内で喫煙は？

――各日程とコースのドレスコードは？

――ワインのラインナップは？

――前日に福岡に入ろうと思うが、ホテルを手配してくれるのか？

ツアーデスク担当者は、一つひとつの質問に対して丁寧に答えを返します。

ツアーデスクからも、随時お客さまに電話をかけます。ななつ星乗車に当たっての留意点などを説明するとともに、お客さまの状況や趣味嗜好などを差し支えない範囲で、しかしかなり詳細にわたり尋ねます。乗車されたときにクルーが万全の対応ができるようお客さまのデータを把握するためです。

「食べ物で嫌いなものやアレルギーのあるものは何ですか」

「結婚記念日、誕生日など、お客さまの記念日があれば教えてください」

出発日が近づいてくると、

「出発があと1カ月となりました。何かご不明のことはございませんか」

「いよいよ、1週間後となりました。ご準備は進んでいらっしゃいますか」

出発日が近づくにつれ、ツアーデスクにもお客さまの期待感が大きく膨らんでくるのが伝わってきます。

大半のお客さまは、ななつ星の乗車を目標に体調管理に努められます。元気に観光地を散策できるように毎日ウォーキングに励まれたり、ななつ星が全室禁煙だとツアーデスクから知らされると、喫煙習慣のある人も禁煙生活に慣れるよう努力したり。

出発の日、博多駅のななつ星専用のラウンジ「金星」に集まってくるお客さまは、既に旅の半分を満喫した気分になっています。そして、ツアーデスクの担当者は、お客さまを知り尽くす、昔からの親友のような存在となっていたりしますから、旅のはじまりで互いに感動の出会いのような気持ちが芽生えることもしばしば。

現在、ななつ星の旅は、一部旅行代理店やメディアなどを通じ販売されることもあるのですが、お客さまは多くの場合、ツアーデスクのスタッフとの頻繁なやりとりを経て、乗車されるようになっています。

こういった出発日までのイントロダクションもまた、ななつ星ならではのものと自負しています。

絆の強さを込めた「クルー」

ななつ星では、乗務員のことを「クルー」と呼びます。

ＪＲ九州の他の列車やＤ＆Ｓ（デザイン＆ストーリー）列車では「客室乗務員」で統一されていますが、ななつ星ではクルーです。

これは私が、地上の仕事のみならず、「ビートル」という日韓航路を往来する高速船の就航に当たったことなどに着想を得ています。

海の仕事は苛烈です。お客さまの安全を第一に考えながら、就航頻度も日々きちんと確保しなくては存在理由も収益も成り立ちません。私などは、ビートルの業務にあったころ、ラジオの気象予報にのめり込むように傾聴しながら、毎夜眠れぬ時間を過ごしたものです。

そうしたなかで、やはり頼りになるのは同僚、仲間であり、実際に運行に当たる乗組員一人ひとりでした。

海の仕事では乗組員のことをクルーと呼びます。そのとき感じていた絆の強さ、心の支えとなっていた海で働く人たちの気風を鉄道の仕事にも反映させたい、そんな気持ちも働いたかもしれません。


ななつ星のクルーを社外からも公募するか、社内からのみ選抜するか、については当初意見が分かれました。

チームの幹部を含め、構想当初から社内選抜案を推す声は少なくありませんでした。

私自身、ずっと迷っていました。

２０１１年5月の会議で、自分でもそれが正解かどうか自信はなかったのですが、思い切って「社外からの採用も検討してはどうか」と提案してみました。

案の定、多くから反対され、そのときは私のほうがすごすごと引き下がりました。

――列車の乗務員になるには鉄道の知識と経験が必須要件だ。

――ＪＲ九州の社員のなかにも優れた接客サービスができる者も相当数いる。

——新たに社外から採用となると、人件費が増大する。

反対を主張する理由は、こういったものでした。

それらはすべて、頭では理解できました。

しかし、まだ心に引っ掛かるものがありました。

日本初のプロジェクトです。私たちの知らない世界に足を踏み入れていくわけです。

(その道のプロの力が必要なのではないか……ホテルのコンシェルジュ、航空会社の客室乗務員、有名レストランのソムリエといった、サービスのプロの力が要るのではないか)

1年後の2012年4月、今度は断固とした口調で言いました。

「やっぱり、クルーは社外からも採用しよう」

「全人格を以て」

クルー1期生25名は、JR九州の社員から12名と、社外公募で飛び込んできてくれた13名で構成されました。

社員の12名は全社員のなかから接客サービスに特に秀でた人を選抜しました。

社外からの13名は、それまでさまざまな企業のサービス、職場で多くの経験を積んでいます。

航空会社の国際線ＣＡ（キャビンアテンダント）経験者、一流ホテルのコンシェルジュ、

クルーズ客船の乗員、高級レストランのソムリエ、人気バーテンダーなど。

12人の社内採用組、13名の社外公募組を合わせた計25名のメンバーが揃いました。

運行開始の1年前、２０１２年10月1日から1期生の1年間の研修がはじまりました。

今思い返しても、プロ集団に1年間の研修とは、なんとも思い切ったことをしたものです。

「まったく利益を生み出さなくても許される」1年という時間を25人もの社員に託した、ＪＲ九州史上最大の投資でもありました。

この本の執筆に当たって、私から取材というかインタビューを行ったのは、次の1期生メンバー３名です。

一人は、現在ななつ星の実質的リーダーであるクルーズトレイン本部次長の小川聡子さん。

日本航空の国際線客室乗務員を17年務められ、熊本・阿蘇に移住し、ご主人と民泊を経営

されていたなか、インターネットでたまたま見かけた「豪華寝台列車」客室乗務員募集の広告を見つけ、応募されました。

決め手は「世界一をめざす」としたコピーだったとか。

ちなみに私は、小川さんと初めてお会いした際、「ああ、君か、航空会社から来たのは。僕は飛行機のサービスは嫌いだからな」と言ったそう。

いかにも私らしい悪戯というところですが……よくぞ、ここまで。そう思うこと、ひとしおのクルーです。


二人目は、2022年に行われた車両改修、「エピソードⅡ」スタートのなかで、自身の名が冠されたバー「KAZ BAR」が設けられ、その切り盛りに日々いそしむ数澤康弘さん。

数澤さんは、東京のホテルオークラでそのキャリアをスタートしたマスターバーテンダー。ホテルオークラ福岡に移籍し、忙しく勤務するなかで募集を見つけ、応募されたといいます。決め手は、水戸岡さんの描いた大きな窓に向かって後ろ向きに立つ男性のポスター。


三人目は、現在は、ななつ星を離れ、D&S列車などの営業、プロモーション業務で期待

数澤さんが応募前に見たポスターの原画。

のホープとして中心的存在となりつつある渡邊祐一さん。

社内公募にいちはやく手を挙げたという渡邊さんは当時、「5年以上の乗務経験がある車掌兼クルー」が必要という経営判断にぴったり合致する若手でした。

書類選考と面接で高評価を叩き出し、見事合格。その後のななつ星運行では、ユーモアと優しさ溢れるキャラクターで、お客さまと数々のドラマを生み出します。


研修のカリキュラムの記念すべき1時間目は、社長、つまり私の特別講義でした。

「サービスのプロである皆さんにさらにサービスを極めてもらうための研修です。研修を通じて、ななつ星オリジナルのおもてなしとはなんぞや?というテーマを追求してもらいたいと考えています」

そのあとは、まずはJR九州の入社教育を旨としようということで、新卒の新入社員同様に福岡県北九州市門司区にある社員研修センターへ。

鉄道のいろはなどまったく知らないような外部採用組と、社内採用組を、あえて同じ環境に放り込んでみたわけです。

営業基礎と呼ばれる運賃計算、特急料金の算出、難読駅名の暗記、お客さまのきっぷに応じた運賃計算を手計算で行うといったトレーニングも入るので、外部組は右往左往。ここ

で、社内組がそのフォローにまわります。夜中まで自習室にこもって、一緒に勉強を見てあげたのだとか。

座学を終えると、今度は一流ホテルや名旅館に散っていっての実地訓練です。

社内組は、それまでの業務であまり馴染みのない仕事の待っているホテルへ。

車掌出身の渡邊さんの場合、これはなかなか苦労の多かった研修だったようで、ホテルの宴会場で給仕の際、片手に持っていたお皿から料理が転がり落ちたのに気づかず、空っぽの皿をお客さまに提供してしまったり。客室案内の勝手がわからず、フロア内でお客さまを端から端まで移動させてしまったり。

――今なら笑い話ですけど。

当時は、冷や汗では済まないような失敗も重ねたといいます。

一方、社外組はホテルでの勤務、あるいは滞在も豊富な面々だったので、由布院の「玉の湯」「亀の井別荘」「山荘無量塔《むらた》」といった名旅館へ研修というか半ば「修業」へ。

ホテルオークラの料飲部門で長く勤務した数澤さんや、航空業界の経験が長い小川さんは、それぞれの宿で働く方々の、お客さまに向ける「気」のこまやかさにたいへん感銘を受けたと振り返ります。

――道を歩いてくるお客さまが宿泊者だと、なんとなく気づいていらっしゃって、「いらっしゃいませ。何々様でしょうか」と先んじて声をかけたり。

――気づきの力は、ホテルとは異なる旅館ならではのものがありました。

――「そろそろいらっしゃるだろう」と、どこかに寄り道して遅れる可能性もあるのに雪でも待ってました。

――ときには、木の陰に隠れたりして（笑）。

ななつ星のクルーの仕事は、お客さまにお乗りいただいてからお帰りになるまでの3泊4日あるいは1泊2日、ずっと一緒に同じ車内で過ごします。

お料理も運ぶ、荷物も運ぶ、片付ける、掃除もする。そして、なにより臨機応変に多様なリクエストに応じます。

名旅館の仲居さんや、一流ホテルのバトラー、ベルボーイの役目をハイブリッドにこなしているようなものです。

こうした実地研修を終えて、彼等がたどり着いたのが「お客さまの家族の一員、大切な友人の一人となってお客さまに寄り添うサービスを提供する」という理念です。

それも「全人格を以て」お客さまに接していくと、みんなで決めてくれました。

じつは私は、1回目の講義のときに彼等に「君たちオリジナルのななつ星のサービスを考えてほしい」と話していました。

誰かに言われたとおりにするのではなく、研修を通して、ななつ星オリジナルの「おもてなし」を新しく創造してほしいと伝えていたのです。

クルー1期生の彼等は、私のリクエストを非常に意気に感じてくれたようです。

メンバーで集まると、主語を「ななつ星は」とか「お客さまは」としながら、「あの旅館はこんなサービスをしていたから、ななつ星ではこんなことができる」といったことで話に花を咲かせていたそうです。

「いつか乗ろうね」

こうした研修や毎夜のような話し合いを経て、25人のクルーはいよいよ2013年10月15日の初回運行を迎えます。

話し合った結果、「初回は全員で乗ろう」ということに。

記念すべき初回運行トレインマネージャーは、数澤さん。

本来は彼の担当ではなかったのですが、車両工事がぎりぎりまでずれ込んだがために、テスト運行の予定が二転三転。挙げ句、クルーたちの本番のローテーションにも、影響が及んだための巡り合わせでした。

想定外の出番に、戸惑いやプレッシャーを感じた数澤さんは、お父様にその心情を吐き出しながら、心の整理をしようと試みます。

このときのお父様のお言葉がなんとも振るっています。

――お前が乗らなくても、誰かは乗るんだろ。それなら……乗ったらいいじゃないか。

これですっかり吹っ切れた数澤さんは、意気揚々と初回運行に臨み……と続きの顚末を書きたいところですが、本人曰く「気がついたら、4日目の〝フェアウェルパーティ〟をいつのまにか迎えていました」。

無我夢中で働いて、極度の緊張感を何度も乗り越えた結果、すべての記憶が飛んだといいます。

渡邊さんは「……料理が少しずつ遅れていたことだけしか、記憶にありません」。

ちなみに、小川さんは「在来線の沿線に建つ家々から、皆さんが線路に乗り出すように手を振っていらして、ぶつかるんじゃないかと気が気でなかった」。

実際、当日の沿線で初回運行に集まっていただいた方々は、九州を一周していくなかで10万人は超えていたと思います。

由布院のような駅だと溢れんばかりに数百人、単線の駅で七、八百人の人々がホームにぎっしりという光景もありました。

そうこうして、迎えた4日目のフェアウェルパーティでは、お客さまのみならずクルー一同、大号泣。

こう書いている私も、クルーたちやお客さまと現場をともにしながら、思わず目頭を熱くしたものです。

このフェアウェルパーティは、初代演奏者として乗務されていたバイオリニストの大迫淳英《じゅんえい》さんの発案でした。

運行中、お客さまやクルーの様子、あるいは食事をはじめとする「おもてなし」のさまざまなシーンを撮影した写真を博多駅到着前にスライド編集して、博多駅到着時に1号車でバイオリン演奏を聴きながら、全員で観て旅を振り返るという趣向です。

私から「列車の旅は、列車の中で完結させよう」と話したことを実現してくれたもので、初運行で目の当たりにしたときには「ここまで見事に感動を呼ぶものか」と感服しました。

いつだったか、ふと、「パーティでなぜ、皆さんは泣くのだろう」と素朴な疑問を抱いたことがありました。

小川さんに投げかけたところ、こんな答えが返ってきました。

——自分の知らなかった日本。自分の知らなかったパートナーの素顔。そして自分の知らなかった自分自身。写真を観て、振り返りながら、新たな発見に自然と涙を流してしまうのだと思います。

ここで少しだけ、実際にななつ星に乗られたお客さまからいただいたお手紙をご紹介したいと思います。

「記念すべきななつ星第一便に乗車させていただき、ほんとうにありがとうございました。

乗車が決まってから健康に気をつけ万全の態勢で臨みました。また、主人は禁煙内科にかかり何十年もやめられなかった煙草をきっぱりやめてくれました。ななつ星のおかげです。車内では、思いもかけず結婚式に立ち会うことができました。こちらまでうれし涙でした。夜はアルコールの駄目な私にノンアルコールの特製カクテルをつくってくださり、ほんとうに感動の一杯でした。私たちにとっては、想像以上の素晴らしい列車、そしておもてなしに120%の楽しい夢のような旅でした」（福岡県・60代女性のお客さま）

このお手紙は、初回運行で結婚式をされたいというお客さまのリクエストに、クルーが悩みに悩んで、考えに考えて、結婚証明書を作成したり、お食事の時間にお祝いのセレモニーを行ったことについて触れてくださっています。

「あきらめかけていたななつ星に思いがけず乗車する機会を与えていただき夢のような時間を過ごすことができました。

思えばお電話いただいた時から旅は始まっていたようです。

ツアーデスクの方に、きめ細かにお世話いただき、

思いは早くも九州に飛んでいました！！！

前泊のホテルにお手紙を下さった事も忘れられません。
新たな人生にめぐり逢う機会をありがとうございました」（三重県・40代女性のお客さま）

「ななつ星スタッフのみなさまから素敵な感動をたくさんいただきました。特にクルーの渡邊様（注※クルーの渡邊祐一さん）には感動の涙をいただきました。今は亡き夫と30年前に由布院を訪れ、2、3日前より大雨で（線路が壊れ）豊後竹田には行けず、バスでの迂回をした話をしました。

それを聞いた渡邊様は、ティーカップを2セット用意し、かぶっていた帽子をテーブルに置き、ご主人様と思って開通した線路から旅の景色を楽しんでくださいと申され、去っていきました。私は感動で涙しました。このようにスタッフのみなさまのおもてなしの心は、きっと大勢の方々に伝わり、ななつ星に一度乗ってみたいと思うお客さまが増えていくことでしょう」（千葉県・60代女性のお客さま）

「最高の旅をありがとうございました。夫とともに幸せな素敵な時を過ごせましたこと、感謝しております。そして、夫の体調が悪く、クルーのみなさまにはご心配とご迷惑をおかけしましたことをお詫び申し上げます。

夫はこの旅より帰宅し、1月14日に入院、そして2月2日に永眠致しました。夫婦で行く旅もこのななつ星の旅が最後となってしまいました。今は悲しくて泣いてばかりの日々を過ごしておりますが、夫は最後に私へ〝最高の旅（宝物）〟を残してくれました。感謝でいっぱいです」（大阪府・50代女性のお客さま）

ななつ星にご夫婦でご乗車いただいたのち、旦那様が他界されたお客さまです。パートナーの方のご病気や、あるいはご回復をきっかけに乗車されるお客さまもたくさんいらっしゃいます。「ななつ星に乗ることが決まってから、びっくりするほど元気になった」「全然食べられなかったのに、ななつ星に乗ったら主人がぺろりとたいらげたので驚いた」――そんなお便りもお寄せいただいています。

「父と母が80歳を迎えるので、二人の傘寿《さんじゅ》のお祝いに「ななつ星のDXスイート3泊4日」をプレゼントすることにしました。ツアーデスクからDXスイートのキャンセル待ちがとれましたという吉報をいただき、私は大はしゃぎ。老夫婦には鞄持ちとエスコートが必要と説得し、私を入れて3人で旅行しました。

実際どんな旅だったか。「至れり尽くせり」この一言につきます。クルーの素敵な笑顔、まるでロイヤルファミリーが乗るような美しい列車、30億円の動く額縁から眺める動く芸術。ななつ星ではこころが豊かになる時間が流れていました。最後に老いた父が〝一生忘れられへん旅になったなあ〟と呟きました。私はその言葉になぜか涙があふれ、二人の人生が少しでも長く幸せでありますようにと星に願いを託しました」（一部抜粋オーストラリア在住 50代女性のお客さま※日本人）

「ステキなサプライズの数々、ほんとうにびっくりしました。デザートプレートのかわいさ、マジシャンからのカード、素敵なバイオリン、そのすべてが私の気持ちを高めてくれました。思いもよらないプロポーズで幸せな気持ちで部屋に戻ると、またサプライズが。もう

感動と感謝でいっぱいです」（福岡県・20代女性のお客さま）

「大きなことをはじめられた社長さま、それについて来られた社員のみなさま、一生懸命のあとは涙が出るのですね。みなさまのお心づかいが身に染みて、私も何度も泣きそうになりました。着物用の敷き紙や衣桁《いこう》まで貸してくださった原尻さん（注※クルーの原尻早姫さん）、その準備と気づきにまず驚きました」（静岡県・40代女性のお客さま）

「けなげな」寄り添うような接客

ななつ星の接客サービスには、マニュアルがありません。

列車の運行に関するルールや仕事の手順書などは当然整備されていますが、「おもてなし」に関してはマニュアルがありません。

あるのは、クルー一人ひとりがお客さまにいかに安心してもらうか、快適に過ごしてもらうか、そして喜んでもらうか、さらに感動してもらうか、という強烈な「思い」だけです。

あえてカジュアルな例を出すとするなら、たとえば昼間、お客さまが「ちょっと飲みたい気分になった」と言えば、バーテンダー有資格者の数澤さんが乗務の際には、「じゃあ、何か一杯つくろう」ということになります。

どんなことであっても、その場で叶えられそうなことはすべて、みんなで話し合ってすぐにやってみるというトーン＆マナーができあがっていたといいます。

他の豪華列車に乗られたお客さまと、ななつ星との比較の話になることも多いそうです。

お客さまは、やはり「クルーが違う」とおっしゃるのだとか。

クルーと話す機会が、ななつ星の場合は圧倒的に多いのだそうです。

他の列車だと展望車に行っても、誰もいない。

ただ景色を見て、その景色を見たいだけの人はいいけれど、「ななつ星だと、必ずクルーの誰かがいてくれるのに」と。

客室から何かリクエストするときもｉＰａｄで。「ななつ星だとクルーの誰かが部屋にまで入ってきて注文を受けるのに」と。

私自身が、初回運行でお客さまから受けた言葉で忘れられないものがあります。

――また今から1年間、積み立てるわ。積み立てて、たまったころにまた申し込むわね。

ああ、そうか。ななつ星のお客さまはこういうお客さまなんだと思いました。

クルーたちも私も、ピカピカの裕福な方々ばかりを、ゲストとして想定していました。

そうではなくて、積み立てて積み立てて、やっと乗ってくれたという人もいらっしゃったという事実は、たいへんに嬉しいものがありました。

ななつ星とは、首都圏や京阪のお金持ちの皆さんの道楽だと、遊びじゃないかと、地元・九州の人たちからそう思われるのは、じつはいちばん避けたいことでした。

ところが、初運行のとき、由布院で見かけた30代の普通のご夫妻と4歳ぐらいのお子さんがいらして、お父さんが子どもの頭をなでながら、「いつか乗ろうね」と話している。

ななつ星に関わっている私たちは、こういうことが嬉しいんだなと改めて思ったのでした。

掃除こそおもてなし

ななつ星には、「掃除こそ一番のおもてなし」というポリシーがあります。

水戸岡さん率いるドーンデザイン研究所でも「清掃は社員の第一業務」とされていて、朝の8時半から1時間かけて全員で事務所の掃除をすることが日課となっているそうです。

I KAGOSH
SEVEN STARS IN KYUSHU
CRUSE TRAIN

MIYAZAKI

——掃除が上手だということは人として大切なことですが、デザイナーとしても大切なことです。

水戸岡さんは、つねづね、あちこちでそう話されています。

この精神が、ななつ星のチームにも浸透しています。

ななつ星には、週に1日、大分車両センターで過ごす休日があります。

休日といっても何もしないわけではありません。

車両に不具合がないか、あるいは翌日からの運転で不具合の発生する可能性がないか、入念に点検が行われるのです。

併せて、南福岡車両区竹下車両派出では、清掃のプロたちが車体や窓ガラスをピカピカに磨き上げ、車内の客室やラウンジを新製車両と見まがうくらいにきれいに清掃します。組子に至っては、複雑な模様を形づくる木片の隅々まで、綿棒を使って丁寧にクリーニングされます。

運行中のななつ星の車中でも、クルーたちが空き時間を見つけては、客室やトイレの掃除を行います。

3泊4日の旅なら3日目の夜、ななつ星は翌日の9時の出発までそのときのコースの駅に停車します。

朝6時ころ早起きしたお客さまが列車を降りると、ホーム側から窓ガラスの外面を黙々と磨いているクルーの姿を見て驚きます。

——あなたは昨夜遅くまでラウンジで私たちのお世話をしていただいた人でしょう？　こんなに早い時間に、窓ガラスを磨いているなんて！

皆、こうして「ななつ星愛」を磨き続けてもいるのです。

ななつ星に影響を与えた海外レストラン

ななつ星の「おもてなし」を象徴するもの。

それはやはり、食です。

初代社長の石井幸孝さんのもと、当社が事業の多角化に舵を大きく切るなかで象徴的な社業として、私自身が外食事業を率いた経験がありました。

そのなかで得たものは、経営上のコスト計算からサービスのあり方、接客の機微に至るまでさまざまに及びます。

しかし、やはり最も大きな学びは、思いと手間の詰まった美味しいものを、よくトレーニングされた人たちによって提供することこそが最高に価値のあるものと知ったことだったと思います。

海外で経験したレストランのなかで、とりわけ印象に残っているお店が二つあります。食通たちにその店名を告げると、即座に「納得」と言わんばかりの深い頷きをくれるお店です。

一つはスペイン、もう一つはタイのお店でした。

一つ目は、世界の美食家たちの憧れのお店、「エル・ブジ」です。

この三つ星レストランは、スペイン第2の都市バルセロナから車で2時間ほど北東に走ったところ、入江を望む高台の森の中にあります。

イギリスの雑誌『レストラン』で2002年を皮切りに、世界一のレストランに5回も選ばれました。世界中から年間200万件以上もの予約が入ったといわれています。

あのマドンナでさえ、数カ月待たされたという伝説も残っているほどです。

シェフは、伝説の料理人フェラン・アドリア氏。

独創的な料理を提供し続けるため、春から秋までの半年間のみの営業とし、残りの半年間は新しいメニューの開発に没頭。世界各地から一級品の食材を取り寄せ、理科の実験のような試作を繰り返し、誰も見たことも食べたこともない斬新な料理を創造しました。

料理はコース料理のみ。品数は40皿以上に及びますが、毎シーズンすべてのメニューを一新するので、同じ料理は二度と提供されません。

あるとき私も、ついにエル・ブジの料理を堪能できました。

本店の予約は取れるわけがありません。

たまたまヨーロッパに行く機会があったなか、朗報が届きました。スペイン南部の中心都市セビリアの郊外に、エル・ブジが経営している五つ星のリゾートホテルがあります。その名は、ホテル・エルブジ「アシエンダ・ベナスーサ」。この一角にあるレストランで、エル・ブジの料理を味わえると情報が入ったのです。

本店は、すべて新作料理である一方、セビリアのお店で提供されるのは本店で1～2年前に出したアーカイブ、つまり〝旧作料理〟。もちろんそんなことは一向にかまいません。

テーブルに座るとすぐに前菜が目の前に運ばれてきます。

その後、タイミングよく次々と料理が運ばれてきました。料理の素晴らしさを説明するには、私の言語能力、表現力が追いついていきません。

ただ言えることは、一つひとつの料理に必ず驚きと感動が一緒について来るということ。最後のデザートをたいらげるまでの所要時間は約4時間。およそ40種の料理を堪能できました。

残念なことに、エル・ブジ本店は２０１１年7月に閉店しました。フェラン・アドリア氏が多忙すぎたあまり、自身の料理を見失ったからだそうです。

私が、セビリアのホテルを訪れたのが２００５年です。

今から考えると、エル・ブジの全盛時に最高の料理をいただけたのではないでしょうか。


二つ目は、タイ・バンコクにあった「ガガン」というレストランです。「アジアのベストレストラン50」で２０１５年から4年連続1位の快挙を成し遂げました。

私が訪れたのは2位になった２０１９年です。それでも、トップレストランであることに変わりはありません。

オーナーシェフのガガン・アナンドさんは、前述の伝説の店エル・ブジで研鑽を積んだそうです。

私に言わせると、ガガンの料理はエル・ブジよりもさらに実験的であり、前衛的であり、創造的。加えて、シェフならではの遊び心に溢れています。

ガガンには1階のテーブル席と2階のカウンター席があります。カウンター席の予約は取りにくいと聞き、ガガンにくわしい友人に無理を言って2階を予約してもらいました。

4

コの字形のカウンターの中はオープンキッチンになっています。4、5人の料理人が料理の仕上げを行うところです。そのなかのリーダーらしい女性がまわりのスタッフにてきぱきと指示をしています。

席に着くと目の前に一筆箋サイズの一枚の紙が置かれています。スマホの絵文字のようなイラストが縦に25個並んでいるだけです。この絵文字が当日のメニュー表で、25皿の料理を予告しています。

カウンターの15席はもちろん既に埋まっています。多くは世界中を巡る美食家と思しき欧米の方々です。

ディナーは17時半に一斉スタート。リーダーがマイクを右手にカウンターの真ん中に立ち、歓迎の短いスピーチのあとすぐに最初の料理の紹介をはじめました。

その後次々にリーダーの語りに合わせて料理が出されます。一品ごとに違ったＢＧＭが流れてきます。

3皿目だったでしょうか、いきなりＫＩＳＳの「ＬＩＣＫ ＩＴ ＵＰ」という曲が大音量で響き渡りました。同時に目の前に出されたお皿には「ＬＩＣＫ ＩＴ ＵＰ（＝舐《な》め尽くせ）」とのメッセージが書かれています。

お皿の上にのせられたペーストを直接舐めろというのです。みんな指示どおりの行動を取るから笑ってしまいます。

また、照明も料理ごとに色や明るさを変えていきます。最後のほうでは、真っ暗闇の中で料理が出されたりします。味覚だけでなく視覚と聴覚に訴える演出に驚きと笑いと感動の連続です。

ただし、こうした演出は、カウンター席に限られていました。予約が取りにくいのも納得です。

ガガンでの3時間を表現するなら、料理を満喫したというより、長編ドラマを観賞した、というべきでしょう。

アナンド監督、いい映画をありがとう。

「やま中」山中啄生さん

ここからは、ななつ星に乗車をされた多くのお客さまに鮮烈な印象を残していただいた「食の匠」の方々のご紹介をしたいと思います。

ななつ星では当初、仕出しまたはお弁当での食事提供が想定されていました。

しかし、プロローグでも触れた、「イースタン&オリエンタル・エクスプレス」の視察を経て、私はその考えを大きく変更することになります。

「イースタン」では、車内で調理した料理が一品ずつ運ばれてきます。車窓の移り変わる景色を眺めながら、つくりたての食事を楽しむことほど心が豊かになるものはありません。

(やはり、食事はつくりたて……!)

ななつ星の食事も、できる限り車内で調理し、つくりたてを提供しようと決めました。

お客さまに提供するサービスの内容、とりわけ食事について決める会議でのこと。

ウェルカムドリンクについて、あれやこれやと話していると、古宮さんが突然口を開きました。

「やはり、博多駅発の豪華列車なんですから、『ウェルカム寿司』でいきましょう!」

正直、その手があったかと思いました。

本来ならば外食事業の経験のある私から出したかったアイデアだったと少し悔しく思いつつ、すぐに頭に浮かんだのは「やま中」さんのことでした。

福岡の寿司店のなかでもとりわけ全国に名を轟かせる名店。

ソフトバンクホークスの王貞治会長をはじめ、各界の美食家に愛され、私自身も加良《から》風太《ふうた》なるペンネームで食に関する連載を某誌で連載していた折、いの一番に記事にした一軒でした。

「古宮さん、いいアイデアだと思います。私が話をつけてきましょう」

そう言いながら、頭の中では既に、

(車内に寿司カウンターを……)

という、私オリジナルのアイデアが頭をもたげてきていました。

かくして3泊4日コースの1日目のランチ。ななつ星の旅のイメージを決める大事な最初の食事を、「やま中」さんにお願いすることになりました。

試食会を二度三度と重ねるなかで、「やま中」の大将・山中啄生さんはあらかじめお店で握ってきたお寿司を折詰にしたものを試食用として持ち込みました。

まるで車内で握ることなど、頭にはないようです。

もちろん私はそのころは既に、ななつ星の最初の食事は折詰ではなく、大将自身が列車に乗り込みお客さまの目の前で握ってもらい、握りたてを「やま中」のカウンター席と同じように一貫、一貫お客さまに提供してもらえないだろうか、と考えていました。

試食会の途中、大将に不意打ちで質問をします。

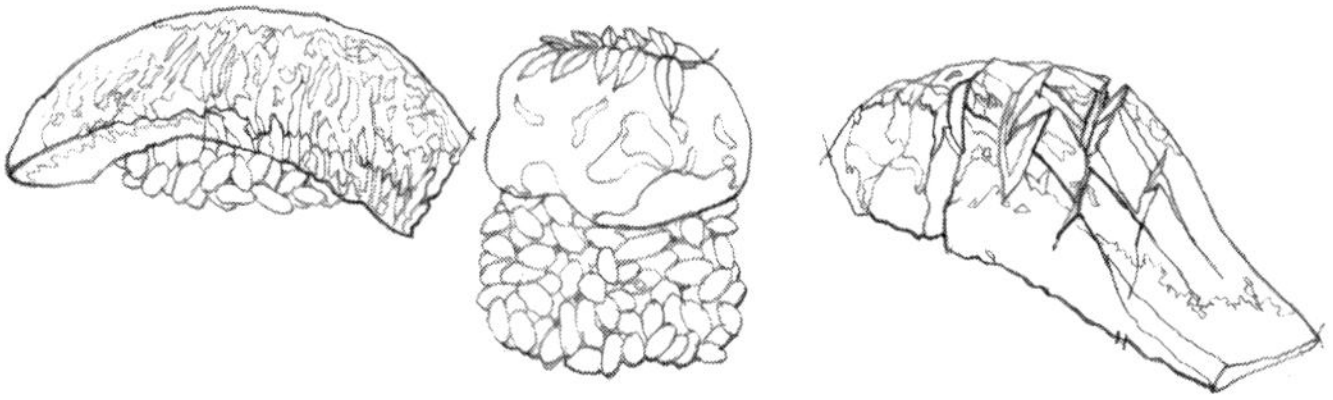

「今日のお寿司もとても美味しいですね。ところで、お寿司は折詰と握りたてのどちらが美味しいのですか」

大将は、何をわかり切ったことを言う、というような顔をして、

「そりゃあ、握りたてが美味しいに決まっていますよ」

と答えてくれました。

（……！）

「じゃあ、大将乗ってください」

「……」

大将は黙り込んでしまいました。

大将御自ら、ななつ星に乗り、車内で寿司を握るとなると、その日のお店の営業に支障をきたします。大将が嫌がるのもわかります。

しかし、私も行き帰りの環境を整えることや、相互の宣伝効果を理由に、その日から何度も大将に頼み込むことにしました。

そして「いちばん美味しい状態で提供する」という大義のも

と、ようやく「やま中」の大将が折れてくれました。

「ウェルカム寿司」からさらに発展した格好の「握りたてのお寿司」は、運行開始から、ななつ星のブランディングに先陣的な役割を果たしてくれたと思います。

２０２４年秋現在のななつ星では、「やま中」のお寿司は、１泊２日のお客さまに、初日の昼食で提供されています。

寿司はもちろん、握りたて。

レギュラーで乗り込んでいただいているのは、運行当初から助手として大将に付いていた関国興《くにおき》さん。

ちなみに、先日の記念運行では大将が乗り込んで握ってくれました。

「たまに乗ると、よかね」

その素晴らしい笑顔、皆さんにもお見せしたかった。


せっかくの機会なので、「やま中」さんのとっておきのエピソードをもう一つ。

皆さんご存知のレストランガイドブック『ミシュラン』が日本に登場したのは、２００７年刊行の『東京２００８』。その後、京都、大阪など順次地方に拡大していき、福岡・佐賀版が出されたのが２０１４年の夏です。各店舗に覆面調査員が入ったのが、おそらく２０１

3年の秋から冬にかけてでしょう。

ちょうどななつ星の運行がはじまったころです。

ミシュランの調査員は、もちろん「やま中」にもやって来ました。

大将の腕前と心意気を知っている常連客は、「やま中」は当然二つ星か三つ星を獲得するだろう、と勝手に星勘定をしていました。蓋を開けてみると、「やま中」には星は一つも付きませんでした。

事情通によると、ミシュランの調査員にはある種の好み（偏見とまでは言いません）があるといいます。どうも、「やま中」はその好みに合わなかったようです。

ななつ星で大将に無理をお願いした私も、ミシュランに対し憤懣《ふんまん》を覚えながら大将に激励の言葉をかけました。大将は、笑みを浮かべながら胸を張りました。

「うちは、二つ星も三つ星も要りません。ななつ星ですから」

「ホテルニュー長崎」 川端 明 総料理長

運行開始当初、1泊2日コースのディナーは、「ホテルニュー長崎」の川端明総料理長（当時／元・同ホテル名誉総料理長）におまかせしました。

長崎には、日本、中国、オランダの3国の食文化のいいところだけを集めた「和華蘭（わからん）食文化」があります。

その頂点に立つ一人が、川端シェフです。

ベースはフレンチですが、魚料理のソースに醤油を使ったり、オードブルが中国料理風にアレンジされていたりと、手間と思いもたっぷり入っています。


川端シェフとの交渉は、当時営業部の日野友和さんが当たりました。

ななつ星という「世界一」をめざす列車が走り出す、ついてはディナーの提供をお願いしたい。そういう交渉です。

「食堂車がここになり、たぶんキッチンはこのあたり……です」

当時はまだ車両など影も形もない時点。見せられる資料は水戸岡さんのイラストしかなかったと思います。おそらく食堂車やキッチンの様子も、完成したものはおよそ違ったものになっていたでしょう。

おまけに、条件は土曜・日曜の1泊2日コース。ホテルは、本来書き入れどきです。

しかし、川端シェフは、すぐにご了承くださったといいます。

その即決のスピードと決断の強さは、おそらく水戸岡さんが交渉に当たった十四代酒井田柿右衛門さんと似たものがあったのではないかと想像します。

メニューほか、詳細については数澤さんが打ち合わせに当たりました。いざ運行開始を迎え、仕事がはじまってみると、その手際やフォーメーションは見事なもの。

2号車の狭いキッチンカウンターの中に、4～5名で入り、みんなが入れ違わないように、順番はあらかじめ固定し、コンベクション担当、パン、ソース、仕上げの盛り付け、デザートと決め込んで、川端シェフがすべてをチェック。分業システムを何度もシミュレーションし確立して、運行初日に臨んだ様子がうかがわれました。

下ごしらえこそホテルで済ませてきますが、実質的な調理や仕上げはすべて車内で。冷たいものも、温かいものも、デザートも完璧なタイミングで提供されていきます。もちろん、クルーの手に渡される前には料理長の目がちゃんと光っています。

季節や天候により食材の仕入れ状況が変わるので、およそ2週間ごとにメニューは替えていたそうで、それを必ずホテルですべてつくってみて、全員で試食とチェックをして、ななつ星での提供に臨んでいたといいます。

また、お客さまからツアーデスクに食物アレルギーの申告があった場合も、必ずつくってみて試食&チェック。

さらに運行時には、アレルギーや苦手な食材のあるお客さまを改めて調理スタッフやクルーに周知するべく「あそこのテーブルの人は、この食材がエトワール」と指示を出します。「エトワール（＝フランス語で星の意）」という符丁を使い、アレルギーを持つお客さまに余計な気づかいをさせないようにと考えた、川端シェフのアイデアでした。

食事の提供がすべて終わったのち、調理場はレンジから冷蔵庫から何から何まですべて、ピッカピカに。

「自分たちは場所を借りているので、次の方たちのためにきれいにしてお返しする」という信念だったといいます。

すべての仕事を終え、ななつ星から降りるとき、川端シェフを先頭に隊列を組んで去っていくホテルニュー長崎チームの姿は、後ろから見ているだけで学ぶものが多くあった、育ててもらったとクルーたちは言います。

「方寸」河野美千代さん

大分の隠れ家的なレストラン「方寸《ほうすん》」の創作料理にも手間と思いがたっぷり入っています。

何度かリピートでななつ星にお乗りいただいているお客さまは「心から驚かされる」「度肝を抜かれるよう」「斬新な料理」「独自の世界観」と絶賛を惜しみません。

トマトかと思えば薄く切ったマグロを丸く巻いた一品だったり、ひと切れのアワビを和紙で包んで塩で丸くくるみ、焼き上げたものを「アワビの塩釜」と名付けて提供したり。

これまで見たことも、食べたこともない、楽しくて美しく、美味しい料理が次々と提供され、お客さまは皆、心を奪われていくのです。

「方寸」の河野美千代さんは、ななつ星のデザイナー水戸岡鋭治さんの旧知。かねて「方寸」のファンだった水戸岡さんは「いつか夢のような豪華寝台列車が実現したら」河野さんに料理を担当してほしいと考えていたそうです。

もともと、ランチのお弁当のみを担当いただく予定でしたが、少々事情が生じて、3泊4日コースの1日目のディナーをお願いすることになりました。

ちなみに「事情」というのは、私の変心です。

運行のプランニングのなかで、ななつ星の料理を俯瞰したときに、どうしても「度肝を抜かれるよう」な河野さんのお料理を、夜のメインに据えたくなったのです。

結論からいうと、けっきょく運行開始から約10年間にわたり、河野さんにはお世話になることとなります。

ななつ星で提供されていた当時の「方寸」の料理は、年に7、8回メニューを替えていました。

四季折々のレベルを超え、二十四節気に則って考案されたと思しき、薫り豊かで繊細なお料理。春には田植えの風景のそのままに食堂車のテーブルに稲を飾り、新年の時候には稲藁でつくった鶴と亀の飾りで寿ぎの気持ちを演出。小麦の藁で一つひとつ編んでくださった籠は、うきはのマスカットやいちじくなど旬のフルーツをいっそう美味しそうに映してくれたものでした。

自然の恵みに感謝し、自然に祈りを捧げるような、どこかプリミティブでクリエイティブな世界は、ミシュラン二つ星のフレンチの名店であり、「ななつ星」のデザートをプロデュースした「エディション・コウジ シモムラ」の下村浩司シェフも大ファン。

世界のご馳走を知っているプロをも満足させるものが、そこには常にあったといいます。

河野さんは、三十代半ばまで一人の専業主婦として過ごしていましたが、あるとき一念発起して、大分市に「方寸」を開店。そんな異色の経歴ですが、ななつ星のクルーたちもたいへんお世話になった由布院の名宿「山荘無量塔」の藤林晃司さんの薫陶を受けたという、九州きっての数寄者でもありました。

紹介を得て、お目文字叶ったクルーたちも、その独自の世界観ともてなしの心にいたく感銘を受け、メインのお食事をオファーすることになったのです。

一方で、運行当初の彼等に対しては「なぜわからないの!?」といった辛辣で手厳しいお叱りもしばしば。

あるとき、小川さんは、コーヒーの提供のしかたを河野さんに相談しました。

――お砂糖やクリームをホテルのように出してしまうのでは、ななつ星の世界観に合わないのでは？

そういう疑問からの問いかけでした。

河野さんは、角砂糖を一つひとつクルーが自分たちで和紙を使って包むことを提案。けっきょくこの案は衛生面の理由から実現はしませんでしたが、クルーたちの接遇マインドに火を点けるには充分なインパクトを与えたようでした。

お弁当の紐一つも専門企業さんが提案する有り物に甘んじるのでなく、提供する内容に沿ったものを吟味し、その結び方もななつ星オリジナルの形を追求したり。まさに細部にこそ神は宿る、を地で行く姿が随所に見られたとクルーたちは振り返ります。

河野さんは、クルーたちにとってはおそらくいちばん厳しい方だったけれど、常に温かな心を以て、その成長を見守ってくださった方でした。

「エディション・コウジ シモムラ」下村浩司さん

忘れてはならない存在が、東京・六本木のフレンチ「エディション・コウジ シモムラ」のシェフ、下村浩司さんです。

初めてお店にお邪魔して、食卓に出てきた料理を見た瞬間、思わず「おおうっ」と唸り、口に入れるとこれがまた「うーん」。その美味しさに言葉も出ません。

どこが違うのか。

料理の一つひとつにたいへんな手間がかけられているのがわかるのです。シェフの渾身の思いが伝わってきます。

この小さなひと皿をつくり上げるまでに何度も試行錯誤を繰り返し、相当な下ごしらえの時間と労力を投入しているのだろう、と思わせるのです。もちろん、調理技術が優れていることがベースにあることは言うまでもありません。

下村さんは22歳のときにフランスに渡り、8年間修業期間を過ごします。

そのなかでも、下村さんがいつも「あの経験が大きかった」と熱弁を振るわれるのが、ミシュラン三つ星の世界的名店「ラ・コート・ドール」。

シェフのベルナール・ロワゾー氏は、フランス料理のソースに大革命を起こした人。クラシックな技法では欠かせないとされたバターやクリームを用いたソースの概念を覆し、野菜のピュレなどを使い、ヘルシーで軽やかな素材を活かした味わいのソースで一世を風靡します。

そこでは、ロワゾー氏に教えを請いたい、認められたいと世界中から集まった若き料理人たちが押し合いへし合い。「自分からパワフルに主張し《料理人ＫＯＪＩ》の存在を確立せねば」と、料理の腕のみならずメンタルをも鍛えられたと、振り返ります。

この強い心と、土地の素材を活かし、軽やかで深い味わいをめざす料理技法は、まさになつ星で想定されるゲストにぴったりのものと確信しました。

ちなみに、ななつ星のキッチンの機材選びにも重要なアドバイスをくださった方でもあります。

現在までに、オリジナルのスイーツや、特別運行のコース料理はじめ、さまざまなシーンで非常に頼りにしている、ななつ星の切り札のような存在です。

「ラ・ヴェルヴェンヌ」渡辺亭さん

最後に、最近ななつ星に加わったレストランから一軒ご紹介します。

というのも、こちらは由布院にあるフレンチで、ななつ星の応援団長的存在の桑野和泉さんから「ななつ星に料理を提供するようになってから、以前にも増していっそう美味しくなった！」という嬉しいお話をいただいたのです。

シェフの渡辺亭さんは、着実にキャリアを積み上げてきた実力派です。福岡の「maison de la nature Goh」、そしてフランスの一つ星「Le Pont de l'Ouysse」をはじめ同国の名店4店に勤務、一店ではシェフを務めます。そして帰国後は由布院「亀の井別荘」で2年和食も学び、２０１６年に「ラ・ヴェルヴェンヌ」を開店しています。

桑野さん曰く、もともとたいへんに評判のよいお店だったそうですが、２０２２年秋になつ星に加わって以来、その味わい、繊細さや華やぎにいっそう磨きがかかったように感じるとのこと。

また、シェフは毎回のななつ星乗務に際して、店のキッチンで試行錯誤を繰り返しているそうで、その充実ぶりが伝わってきて、それも快いとのこと。

当然、周辺地域のみならず全国から舌の肥えたゲストも多く店を訪れるようになっていて、「ななつ星効果を実感している」と桑野さんもご機嫌です。

こんなところにもまた、相互ブランディングともいうべき、地域の皆さんとななつ星がともに高め合う相乗効果＝美味しい関係を見つけることができて、私もほんとうに嬉しく思っている次第です。

ふと近所の喫茶店で思ったこと

ときに、この本の原稿は、私が住むまちのある喫茶店で主に執筆を行いました。

お店の名は「コメダ珈琲店」といいます。

3カ月ほど前からは休日のたびに通うようになりました。

常にいろんなお気に入りがある私ですが、目下一番の「推し店」です。

お店に入るとまず目に入るのが、レジの横に掲出されている「混雑時は2時間以内でお願いします」という告知板です。

混雑時でも2時間以内ならお店に居てもいい、混雑時以外では2時間以上長居をしても大丈夫、と保証されたようなものです。

もともと喫茶店は、コーヒーを目当てに来店する人よりもそこでしばらく時間をつぶすことを目的にぶらっと立ち寄る人のほうが多い、いわゆる時間消費型業態でした。

ところが、まちのあちこちで「サードプレイス」を標榜するお店が登場してのちは、この本来の目的がかすんできました。

ひと昔前まで日本人の大半は、コーヒーにはミルクと砂糖をたっぷり入れていたはず。今どき、「サードプレイス」でそんなことをする人はいません。

なんだか、日本の誇っていた喫茶店カルチャーが駆逐されてしまったような。

さて、「コメダ」さんの店内を見渡すと、郊外店なのにほとんどのテーブルがお客さまで埋まっています。

お昼過ぎだと待合席に必ず数人の人が順番を待っています。

お客さまは、概ね二つのグループに分けられます。

一つは、高校生らしき人たち。参考書を持ち込み一人で勉強する人もいれば、2、3人で仲よく問題集を広げながら、じつはおしゃべりに興じる学生たちもいます。まるで「コメダ図書館」です。

もう一つのグループは、「おじ（い）ちゃん」「おば（あ）ちゃん」たち。近所の「コメダ」さんだと、3、4人で何か打ち合わせをしている様子をたびたび見かけます。

おそらく、町内会の役員などをしていて、何かの寄り合いっぽい集まりでしょう。

お客さまの顔触れが、都会のあちこちにある「サードプレイス」的なお店とはまったく違います。澄まし顔のOLさんや忙しそうな営業マンはここでは少数派になります。

最も違うのは、勉強していても打ち合わせをしていても、みんななぜか楽しそう。ちょっと長居をすると追い出されるかもしれないという不安がないからかもしれません。

博多駅横のバスターミナル3階にある「コメダ」さんも、都心なのに客層はほぼ同じです。

インテリアも、長時間滞在しても疲れずにくつろげることを第一に考えられています。お店全体がぬくもりのある木でつくられています。壁も柱もテーブルも木です。ソファのような座り心地の椅子が長居を歓迎してくれているようです。

ひと言でいうと、昭和の薫りがプンプン。

コメダさんを「喫茶店カルチャーの救世主」と呼びたい、今日このごろです。

……と、これを書きながら、ななつ星にお乗りになったお客さまから以前こんなお手紙をいただいたことを思い出しました。

「(前略)クルーの方々の心のこもったおもてなし。全て超一流で妻共々大満足。ややもすれば機能性、合理性を優先しがちなこの時代に、昭和のアナログ時代の良さを再認識させてくれた旅。特に目に焼きついているのは沿線で無心に手を振ってくださっていた人達。どれもほんの一瞬の出会いでしたが人の温かみに触れ心が通じ合えた気がしました。列車の旅が終わりに近づいた頃には気づけば車窓からその様な一瞬の出会いを捜していました。九州の方々との温かい触れ合いの旅。ななつ星の窮極の目標に触れた気がします。瞼に残った皆様の笑顔は一生忘れることはないでしょう。素敵な笑顔に素晴らしい感動をほんとうにありがとう」(兵庫県・60代男性のお客さま)

五章　わがままで傲慢な、販売戦略とブランディング

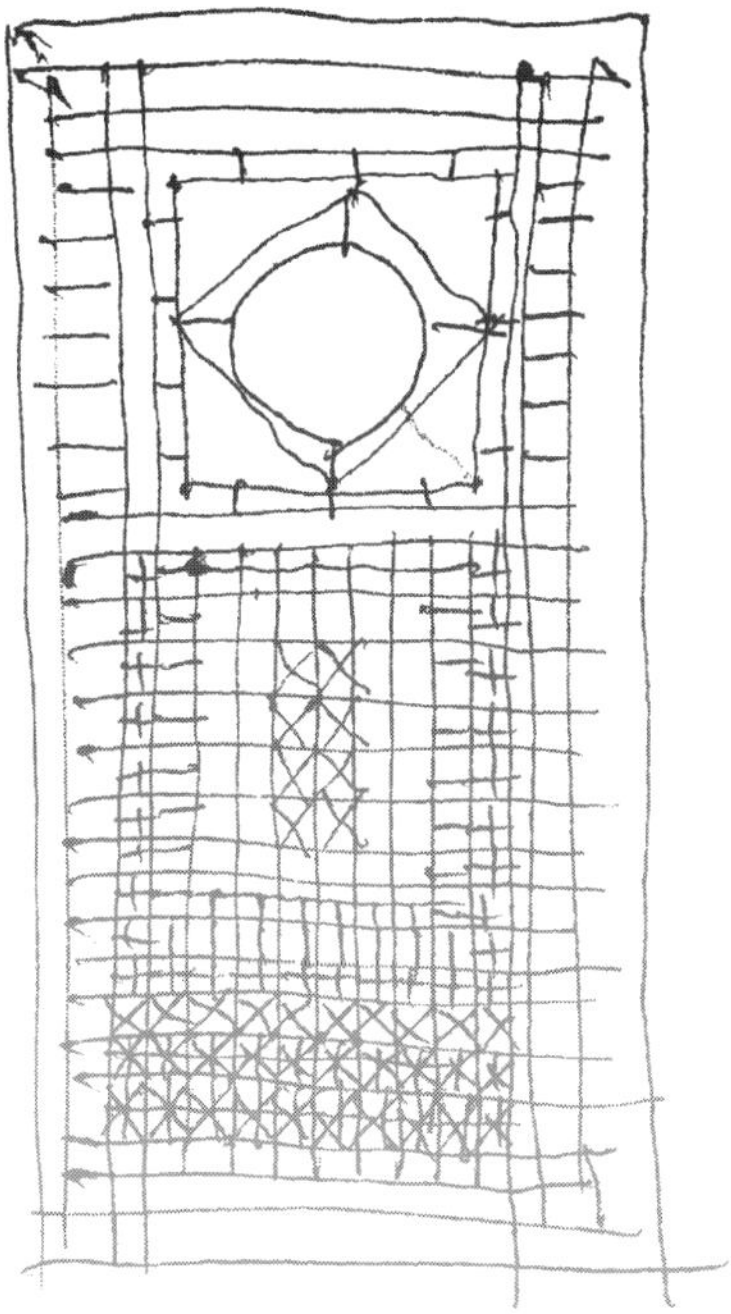

手に入りづらいチケット

ここからは、ななつ星を成功させた「わがままで傲慢な、販売戦略とブランディング」を見てみましょう。

世の中、どんどん便利になっていきます。買い物もますます買いやすくなっています。まち中を少し歩くだけでコンビニがあちこちにあるし、どのお店もキャッシュレスの「ピッ」だけ。お店に置いていない商品もネットショッピングで簡単に手に入ります。

ななつ星は、そうした時代の流れに堂々と、ためらうことなく、逆行しています。

ななつ星のチケットの購入（予約）は、ふだん駅で列車のきっぷを買うのと違い、そう簡単にはいきません。

ななつ星の旅行代金は、通常の鉄道運賃とは額が大きく違います。3泊4日コースの場合、スイートの客室で一人125万円を、DXスイートの客室だと170万円をそれぞれ超えます。そして毎年のように値上げをする傲慢さ。さらに、予約が確定した日から1カ月以内にその代金の20％を正式な申込書と同時に納めてもらうことになっています。

先にも触れましたが、チケットは駅のきっぷ売り場に並んでも手に入りません。駅では予約も受け付けていません。

運行開始当初は、予約しようと思われた方は、ＪＲ九州本社のクルーズトレイン本部にある専用のツアーデスクに電話をかけなければいけませんでした。では、ツアーデスクに電話をすれば予約が済むのか。答えは「ノー」です。ツアーデスクからななつ星のホームページを紹介しますので、そのホームページからネットでの申し込みとなります。（注※現在は直接ホームページから予約可能）

申込期間も限定しており、春と秋の2回、それぞれ1カ月の間に申し込んでいただく仕組みになっています。たとえば、２０２４年3月の1カ月間の申込期間に申し込める列車は、半年後の24年9月から25年2月までに出発する列車のみです。

さらにやっかいなことがあります。申し込みの際に出発日と希望される客室のタイプを指定してもらいますが、常に、客室数より申込数のほうが数倍多くなっていて抽選で予約を決定することになります。申し込みが即予約完了とはいきません。抽選は、毎回複数人の立ち会いのもと厳正な形で行われます。

とまあ、列車の予約をするだけなのにこんなにもやっかいな手続きを経なきゃいけないなんて、ほんと、ななつ星のチケットは買いにくいですよね。

しかし、この買いにくさがななつ星の希少価値を高め、ブランドを輝かせているのです。

手に入れたいがなかなか簡単には手に入らない、いわゆる高嶺の花をつくり出すことこそブランディングの妙ではないでしょうか。

「予約が取れない」ことの効用

伝説のレストラン、スペインの「エル・ブジ」のお話を再びします。

エル・ブジは、2000年前後から約10年の間、誰もが認める「世界一のレストラン」として食の世界に君臨していました。惜しまれながら閉店となりましたが、その固定観念を打ち砕く斬新な料理と頑なな営業ポリシーは今でも伝説となって語り継がれています。

エル・ブジは、毎シーズン、秋から春までの半年間休業しました。温暖なバルセロナの近くですから、豪雪だからとか、極寒だからとかいうことではありません。

シェフのフェラン・アドリア氏が次の半年に出す料理の研究開発と創作を行うための休業なのです。春にお店を再開したときは、全メニューが一新されており、それまで誰も口にしたことがない、驚きと感動に満ちた料理が次から次に提供されます。

また、お客さまは最初に厨房に案内され、見学してから食事を満喫し、食後に厨房で別れの挨拶をするというのが、エル・ブジ流のおもてなしです。

エル・ブジには、料理のほかもう一つ伝説があります。「世界でいちばん予約が取れない店」伝説です。50席足らずしかないのに年間200万件もの予約が殺到し、席が取れるかどうかは運次第といわれています。

大物政治家であろうが、著名な実業家であろうが、人気絶頂の映画スターであろうが、誰が予約を入れても、エル・ブジはその人の身分や地位だけで特別扱いしません。

世界中の食通たちはそのことをよくわきまえており、営業再開の1カ月ほど前になると一斉に予約を入れるのです。このときコネもツテも通用しません。エル・ブジのテーブルに座れるのは、予約の先着順です。

フェラン・アドリア氏は、コネもツテも一切排除し、あくまでも先約順、この哲学を閉店まで貫き通しました。

食通たちも、傲慢ともいえるエル・ブジのこのポリシーに喜々として従います。予約が取れないことがわかっていても予約の電話を入れ続けます。エル・ブジが貫いた姿勢は、最高のブランド戦略だったともいえるでしょう。

予約を取りにくいこと自体がステイタスとなり、ブランド価値を高めていました。コネもツテも受け付けないことで、最高の信用を得たのです。

コネやツテを一切排除

いつかブランド戦略を打ち立てることになったなら、エル・ブジのポリシーを実践に移してみよう、と心に決めていました。

そのときがやって来ました。

もちろん、ななつ星です。

ななつ星の予約を受け付けるときはコネもツテも一切排除するように、とななつ星チームのスタッフ全員に言い聞かせました。そして、ななつ星では先着順ではなくすべて抽選で決めることにしています。

この厳しいルールを最初に破りそうになったのが、誰あろう、ルールをつくった当の本人、私だったのです。

運行開始の１年前、２０１２年10月１日、ななつ星の予約受け付けがはじまりました。ななつ星の車両の製作に取りかかったばかりでまだ車両の影も形もない時期です。

それまでのＰＲ活動によりある程度ななつ星の認知度が高まってきたと思いながらも、はたして実際の予約までつながってくれるだろうか。さすがの私も朝から落ち着きません。

予約の電話が１本でも入るだろうか。不安な気持ちが膨れ上がってきます。

5

受付開始時刻まで祈るような気持ちでいました。

結果をいうと、杞憂に終わりました。

午前10時を過ぎたころから予約や問い合わせの電話がじゃんじゃん鳴り響いたのです。昼ごろ、ある人から電話が入りました。昔の上司でたいへんお世話になった方です。

「ななつ星の予約がはじまったそうだね、おめでとう。私が懇意にしている経済界の大物から連絡があり、ぜひともななつ星に乗りたいそうだ。なんとかなるかね」

（これはなんとかしなくてはいけない。なんとかすることこそが、お世話になった上司への恩返しだ……）

「それはできません」

魔物でもついていたのか、意に反した言葉が口から飛び出ました。

今こそ、エル・ブジで学んだことを実践しなければいけない。一切のコネとかツテとかを排除するのだ。この信念を曲げてはいけない。模範的なサラリーマン人生を送るより、ななつ星のブランドの番人に徹するのだ。と、自分に強く言い聞かせました。

「そんなことを言わずに、なんとかなるだろう」

「いいえ、なんとかなりません」

ななつ星の予約は、初日から殺到しています。厳正な抽選でお客さまを選考していこう、それこそがななつ星のブランド価値を高める、と決意を固めました。

ななつ星のプロジェクトをスタートさせたときから、私とななつ星のスタッフの間で固く心に決めたルールです。

「ななつ星の予約を受け付けるときは、コネやツテを一切排除する」

おそらく運行開始当初は予約が殺到するだろう。客室数を超える予約が入るはずだ。寝台列車なので、客室数を超えたお客さまは乗車できないから、当然お客さまを選抜することになる。その際、私や役員、関係者などの知人から「ななつ星にどうしても乗りたいから、チケットを優先的に確保してほしい」といった強い要請が舞い込む可能性が高い。場合によっては、政治家や有力者からのプレッシャーみたいなものも予想される。

こうしたことを一切排除しよう。

この考えが、ななつ星チームに浸透していました。

受け付け初日の夕方には、思いもかけぬ方から電話をもらいました。

「私が懇意にしている人が、どうしてもななつ星に乗りたいからなんとかＪＲ九州に掛け合ってくれ、と無理なことを言ってきましてね。一応正規の申し込みはしています。なんとかなりませんか」

5

低くて力強い声。なのに、温かくて優しく耳に心地よく響いてきます。

電話の主は、あの、世界の王貞治さんです。

スーパースターからの電話に緊張しながらも、「はい、わかりました」の言葉をぐっと飲み込みました。

（たとえホームラン王でも、ルールの例外をつくってはいけない）

「ありがとうございます。ただし、即答できかねますので、明日まで待ってください。申し込み状況を調べてみます」

ほかでもない世界の王さんからの電話ですから、ほんとうは快諾したかったのですが、じつはすぐかたわらに、ななつ星のチームリーダー仲義雄さんがいたので、「社長、初日からルールを破るんですか」と非難されないように翌日まで時間稼ぎをしただけなのです。

王さんとの電話を切り、仲さんの顔を見ました。

「世界の王さんからだ。お知り合いの人がななつ星に乗りたがっているとのこと。どうだ、王さんだけは例外にしようか」

「そうですね。悩みますね」

「まあ、とにかく明日まで考えよう」

ひと晩考えて出した結論を翌朝、出社直後に仲さんに伝えました。

「やはりルールは絶対に維持しよう。王さんにも断りの電話を入れよう」

「それがいいと思います」

仲さん立ち会いのもと、王さんに電話をかけました。

「王さん、申し込み状況を見ますとご指定の出発日の申し込みが多数いらっしゃいましたので、あらためて厳正な抽選で選考することになります。ご理解ください」

「それはそうでしょうね。よくわかります。ご無理を言ってすみませんでした」

王さんは、いともあっさりと当方の事情を察してくれたのです。やはり世界の王さんは違う。とても心の広いお方だ。ますます王さんのファンになってしまいました。

数日経って、ふと仲さんに尋ねました。

「でもなぜ、王さんは〝厳正な抽選〟と口にしただけですぐに理解してくれたのか」

「そりゃあ、決まっているじゃないですか。王さんは毎年ドラフト会議で抽選に立ち会っていますから」

なるほど。

初めに王さんの依頼を断ったことで、「コネもツテも一切排除」というルールがより強固なものとなりました。その後も、頻繁に東京あたりから、政治家や大物財界人からの電話が私のところにかかってきました。

「ななつ星に乗りたいがなんとかしてくれ」

「世界の王さんにも断りました」

これですぐに引き下がってくれます。王さんの偉大さに感謝です。

⑤

由布院の販売戦略とブランディング

ここで、ななつ星が誕生するに至るまでの長い年月のなかで多くを学び、たくさんのヒントをいただいた九州の二つの土地のブランディングについて触れたいと思います。

大分・由布院と熊本・黒川という二つの温泉郷です。

こちらの皆さんは、ななつ星チームとは違って、わがままで傲慢などではありません。しかし、その地域まるごとの販売戦略とブランディングには学ぶべきことが多くありました。

両者は、現在も全国温泉人気ランキングでも常に1、2位を争っています。

いわば、地域ブランディングの東西の横綱のような存在です。

横綱格に昇進したのは、由布院が1980年代前半で、黒川はそれより10年ほど遅れた90年代前半でしょうか。

今では全国でも有数の人気観光地となった由布院温泉も、半世紀前は田んぼだらけで人通りの少ない片田舎に過ぎませんでした。そのころ日本中が高度成長に沸き、由布院と山一つ隔てた別府温泉には連日観光バスが連なり、大勢の団体客が押し寄せていましたが、由布院は好景気の恩恵をまったく受けず閑散としていました。

別府の盛況を横目で眺めていた由布院の若手旅館経営者の中谷健太郎さん（亀の井別荘）、溝口薫平さん（由布院 玉の湯）、志手康二さん（山のホテル夢想園）の3人が、別府とは違った由布院らしいまちづくりをめざそうと決意します。

そのため、大借金までしてヨーロッパへの長期視察旅行を敢行しました。1971年のことです。

ヨーロッパ各地を巡りその土地の人たちと熱い議論を交わしながら、ついに由布院のめざす〝まち〟を見つけました。ドイツの山間温泉保養地バーデンヴァイラーです。

由布院と同じくらいの規模ですが、樹々が鬱蒼と茂る中にきれいでおしゃれな商店街があり、ウインドウショッピングが快適で、歩くのが楽しい〝まち〟です。

その地を訪れたときはちょうど祭りが行われていて、まちじゅうが喜びに満ち溢れていました。3人は、「バーデンヴァイラーこそ由布院がめざすものだ」と直感しました。

さらに、当地のホテルの主の言葉に大きな感銘を受けました。

「〝まち〟に必要なのは静けさと緑と空間。私たちは、この三つを大切に守ってきた」

3人は、この言葉を最大の土産として由布院に持ち帰り、バーデンヴァイラーをめざしたまちづくりに取りかかりました。

1975年4月、厳しい試練が訪れました。

大分県中部地震が由布院付近を襲います。主要道路が壊滅的な打撃を受けたほか、近隣のホテルが半壊しました。由布院温泉自体は、家屋の倒壊はあったものの人的被害はそれほどでもありませんでした。しかし、「由布院は壊滅した」との風評が巻き起こったのです。

「このままではいかん」と由布院の人たちが立ち上がりました。「由布院は健在だ」ということを全国に訴えようと考え、思いもよらない行動に出ました。

大型レジャー開発を阻止する一方で、観光で訪れた方々を乗せてまちを走る辻馬車の運行をはじめました。

「由布院に来てください」というような単なる広告宣伝に頼るのではなく、観光資源そのものの価値を高めることに真っ先に取り組んだのです。このあたりが由布院の真骨頂といえます。猛烈なスピードで準備を進め、その年の7月に運行開始に漕ぎつけました。

辻馬車は、由布院の誇る田園風景ともマッチし、たちまち大評判となりました。

さらに、「ゆふいん音楽祭」7月開催、「牛喰い絶叫大会」10月開催、「湯布院映画祭」翌年8月開催と手づくりのイベントを次々に打ち出します。

由布院に残る自然や農村風景を守り、お寺、盆踊りといった「懐かしさ」も大切にしていきました。

温泉都市によく見られる歓楽色を一切排除し、文化人や著名人など都会の人間も巻き込みながら「文化と芸術のまち」というイメージを発信し続けたことで、女性が訪れたくなる温泉地として圧倒的な支持を受けることになりました。

旅行サイト『じゃらん』の「全国あこがれの温泉地ランキング（まだ行ったことはないが、一度は行ってみたい温泉地）」の調査開始の2007年から、13年連続1位の座を占めたのが由布院温泉だというのも納得できます。

このように、由布院のまちづくりは、1970年代前半にはじまりました。1980年代に入ると全国に名が知れ渡り、宿泊者数も右肩上がりで増加していきました。

どうして由布院はわずか十数年間でトップクラスの人気観光地になれたのでしょう。

理由は大きく三つ考えられます。

（1）旅行スタイルの変化です。由布院がまちづくりに取り組みはじめたのは、ちょうど日本経済が高度成長期の終焉を迎えたころで、旅行の形態も団体型から個人型や小グループ型に移っていく過渡期でした。団体型の東西の二大温泉地、熱海と別府の衰退がはじまり、個人型、小グループ型を得意とする中小規模の観光地が注目を浴びはじめました。由布院は後者の代表格で、時代に恵まれたともいえます。

（2）由布院が持っている魅力的な観光資源です。源泉数と湧出量ともに全国トップクラスを誇る温泉。由布岳、金鱗湖などの自然景観。昔ながらの農村風景を眺めながらの散策。湯の坪街道や旅館で楽しむ食とショッピング。まち並みの美しさ。旅館や地元の人たちの素朴でぬくもりのあるおもてなし。手づくりのイベント。

こうした観光資源が、人々の心を摑んだのでしょう。一度由布院を訪れると、たいていリピーターになります。リピーターは口コミの強力な発信元となります。

（3）情報発信力です。といっても、マスコミでの有料広告はほとんどありません。由布院の情報発信は、パブリシティをうまく活用してきました。パブリシティとは、商品やサービスなどの情報をプレスリリースやプレス向けイベント（たとえばインタビューやプレス招待会）などを通じてマスメディアに提供し、ニュースや記事として取り上げられるように働きかける広報活動のことです。前述した辻馬車や牛喰い絶叫大会などのイベントは、常にテレビや新聞、雑誌で取り上げられます。

（1）と（2）は、由布院に限ったことではなく全国の観光地にもあてはまるところが少なくありません。（3）のパブリシティは、由布院が全国の観光地のなかでも際立っています。ただし、いくらパブリシティを活用したからといって、由布院のようにはなれません。由布院のパブリシティが生きたのも（2）の観光資源の魅力があったからこそだということを忘れてはいけません。

由布院のことを勉強すると、観光プロモーションにとって重要な七つのキーワードが浮かび上がってきます。

「観光資源そのもの」「散策」「食とショッピング」「リピーター」「ロコミ」「パブリシティ」、そして「手づくり」です。

由布院は、この七つのキーワードを教えてくれました。

なんだか、現在のなつ星そのもののように思いませんか。

5

「黒川温泉一旅館」

阿蘇外輪山の北部、標高700メートルの山間部にひっそりとたたずむ温泉、それが黒川温泉でした。かつて交通の便が悪く、それなりの知名度のあった同じ阿蘇地域の杖立《つえたて》温泉（熊本県小国町）や内牧《うちのまき》温泉（熊本県阿蘇市）とは違い、無名の時代が長く続きました。

ここで一人の人物を紹介します。

後藤哲也さん。

黒川温泉を全国屈指の人気観光地に導いた立役者、まちづくりのカリスマです。惜しくも2018年に86歳の天寿を全うされましたが、その名は今も、地域ブランディングのカリスマとして全国に轟いています。

温泉街中心部にある旅館「山の宿 新明館」の3代目として家業を継いだ後藤さんは、少年時代から黒川温泉にやって来る客の少なさにある種の危機感を覚えていました。

「なんとかせんといかんばい」

青年団の慰安旅行で天草を訪れたとき、後藤さんは生まれて初めて海を見て大きな感動を覚えました。

広い砂浜と松林、そして海に沈みかける真っ赤な夕陽。

5

後藤さんは、自然の風景が旅人の心を癒やしてくれることを頭に刻み込みました。天草から帰り、しばらくして、まわりの人の度肝を抜くようなことをやってのけます。23歳から3年の歳月をかけて岩山を金槌とノミだけで掘り抜き「洞窟風呂」をつくったのです。

また、以前から「新明館」にあった露天風呂の改修にも取りかかりました。

浴槽のまわりに敷き詰める石を取り換え、裏山にあるなんの変哲もない雑木を敷地内に植栽し、野趣に富んだ露天風呂をつくり上げました。

黒川温泉は、１９６４年のやまなみハイウェイの開通を機に、山間部のひなびた湯治場から旅館の建ち並ぶ温泉街へと変貌を遂げ、一時温泉客で賑わいました。

しかし、これといった特徴がないため60年代後半からは再びさびれはじめました。

温泉客の少なくなった黒川温泉にあって、唯一賑わっていたのが洞窟風呂と露天風呂を備えた「新明館」でした。

当初後藤さんを変人扱いしていた他の旅館経営者たちも、「新明館」の繁盛ぶりを見て改心します。

後藤さんを師匠と仰ぎ、露天風呂のつくり方の指導を受け、一つ、二つと露天風呂のある旅館を増やしていきました。

風情のある露天風呂がある温泉郷との噂が広がり、女性客が続々黒川温泉に押しかけるようになりました。

１９８５年に後藤さんが旅館組合の執行部入りしてからは、もの凄い勢いで黒川温泉が変わっていきます。

まちの人たち総出で温泉街一帯に雑木林をイメージした植林を行い、ばらばらに立てられていた約２００枚の看板を撤去しました。

旅館や店の外壁も黒を基調としたものに替え、「黒川」の名にふさわしい統一感を演出するなど景観づくりにも注力しました。

さらに、１９８６年には温泉街にある露天風呂を3カ所湯巡りすることができる「入湯手形」を売り出したことで、黒川温泉の評判が一気に高まりました。

そして、その評価を不動のものにし、人々を驚かせたのがこの言葉です。

「黒川温泉一旅館」

くろかわおんせんいちりょかん、と読みます。

黒川温泉郷では、30の旅館と里山の風景すべてを「一つの旅館」として考えています。

その理念を表現したのが「黒川温泉一旅館」です。

それぞれの旅館は「離れ部屋」、温泉街の道路は「渡り廊下」と位置付けます。

5

みんなでつくった一帯の雑木林は、さしずめ緑豊かな庭といったところでしょうか。

根底には、「一軒で儲かるのではなく、地域全体で黒川温泉郷を盛り上げよう」との熱い思いが流れています。理念の原点は、入湯手形にありました。

「新明館」のヒットを見て、ほかの旅館でも後藤さんの指導のもと、露天風呂づくりが進められるようになっていました。一方で地形などの理由で、露天風呂づくりが叶わない旅館もありました。そこで後藤さんたちが考え出したのが入湯手形だったのです。小国杉《おぐにすぎ》の間伐材の輪切りに、チケット代わりのシールを3枚貼ったこの「手形」を買ったお客さまは、露天風呂を持つ三軒の宿に泊まらずとも入浴できるようにしたのです。

この発想は、黒川温泉の旅館の営業方針に大きな変化をもたらします。

それまでは一つの旅館が館内にカラオケやバーなどを設け、温泉客を他の旅館や店に取られないように囲い込もうとしていました。

入湯手形が、どの温泉地でも横行していた「囲い込み」作戦を一掃する格好となりました。温泉客を一つの旅館に閉じ込めず温泉街を散策してもらおう、そして温泉街全体で賑わいを共有しようという方針に変わっていきます。

1990年代前半には前述の「黒川温泉一旅館」というコンセプトが確立。さらに、「まち全体が一つの宿、通りは廊下、旅館は客室」というキャッチフレーズを掲げるようになりました。

黒川温泉は自然を活かした景観と懐かしさを感じるまち並み、入湯手形などの斬新な企画により、お客さまに「もう一度行ってみたい」と思わせる人気温泉地へと昇り詰めます。

各種温泉人気ランキングでも常に上位に顔を出すのはもちろんのこと、2002年の『NIKKEIプラス1温泉大賞』（全国1位）をはじめ、2008年の都市景観大賞「美しいまちなみ大賞」、2009年の土木学会デザイン賞優秀賞、2010年の第1回アジア都市景観賞と、温泉、景観、まちづくりなどの部門で数多くの賞に輝きます。

黒川温泉の受賞の特色は、景観とまちづくりに関して高い評価を受けていることです。

国土交通省が都市景観大賞の講評をホームページに掲載していて、その中にある黒川温泉の概要説明が的確に表現しているので紹介します。

「乱立する看板の撤去をはじめ、雑木による沿道及び民地内の緑化、建造物の高さ・構造・色彩の統一化（中略）など、住民・行政が一体となって地域ぐるみで景観の形成と環境づくりに取り組まれている。この結果、観光入込客数の増加・雇用の増大などの経済効果を発揮し、観光に訪れた人が黒川の魅力に惹かれて町に定住するケースも見られる」

なんと、まちづくりが定住につながっているのです。

☆5

由布院と黒川が地域ブランディングに成功した要因を探ってみましょう。

両者に共通するものが大きく二つあります。

一つは、コンテンツが優れていたこと、いや優れたコンテンツをつくり出したことです。

由布院の資源といえば、源泉数と湧出量はともに全国トップクラスを誇る温泉、シンボルともいえる由布岳、金鱗湖などの自然景観、秋から冬にかけて由布院盆地を包む朝霧と、ここまでは天の恵みです。

辻馬車や牛喰い絶叫大会、湯布院映画祭といった由布院らしい手づくりのイベントは、ぬくもりと優しさに満ちています。田園風景を楽しみながらの散策も心地よく、お寺や盆踊りといった「懐かしさ」も由布院ならではのものです。

他の温泉地によくある歓楽街的な要素を一切排除し、「文化と芸術のまち」というテーマを追求しているところが、女性客の圧倒的な支持を受ける源になっています。

黒川の眼目は、自然を感じさせる露天風呂と雑木林に囲まれた〝田舎の〟温泉街の風情にあります。その魅力を最大限に活かすために導入された入湯手形が「黒川温泉一旅館」という理念を生み出しました。「まち全体が一つの宿、通りは廊下、旅館は客室」というキャッチフレーズのとおり、温泉街にある30の旅館が一つになって、「癒やし」の一大空間をつくり上げたのです。手づくりのイベントも、5月の地蔵祭、年2回開催されるウォーキングイベント、冬場の湯あかり、と由布院に劣らず充実したものになっています。

もう一つは、ストーリー（物語）が人々に共感を与えたことです。由布院と黒川は、他の大型温泉地が大賑わいだった高度成長期に、温泉客も少なくさびれていく一方でした。

こうした危機的状況から、由布院は中谷健太郎さん、溝口薫平さん、志手康二さん、黒川では後藤哲也さんといったカリスマ性のあるリーダーを中心に地域の人たちが立ち上がりました。彼等の涙ぐましい努力により、どん底から全国でも屈指の人気温泉地にまで成長したのです。

メディアのほうも、両者の観光地情報だけでなく、逆境から這い上がって成功を収めるまでのまちづくりのプロセスを感動的な物語として何度も取り上げました。

由布院については、新聞、雑誌にとどまらずＮＨＫの「プロジェクトＸ」でも紹介されました。黒川についても大手新聞やビジネス誌が特集を組んだり、ユニークなところでは、後藤哲也さんの半生記を漫画にしたりと、「黒川物語」としてメディアへの露出が続きました。

人々は、そうした感動物語に共感し、物語の舞台である由布院や黒川という現地に足を運び感情移入するのです。他の観光地の人たちは、両者からコンテンツは学べてもストーリーは学べません。由布院と黒川をなかなか超えられないわけです。

三章で紹介した『1シート・マーケティング』のブランディングの章に述べられているブランディングの要諦をもう一度。

――「ストーリーを明確に描き」「質の高いコンテンツを開発」することが大切だ。

六章「変幻自在」の広報宣伝

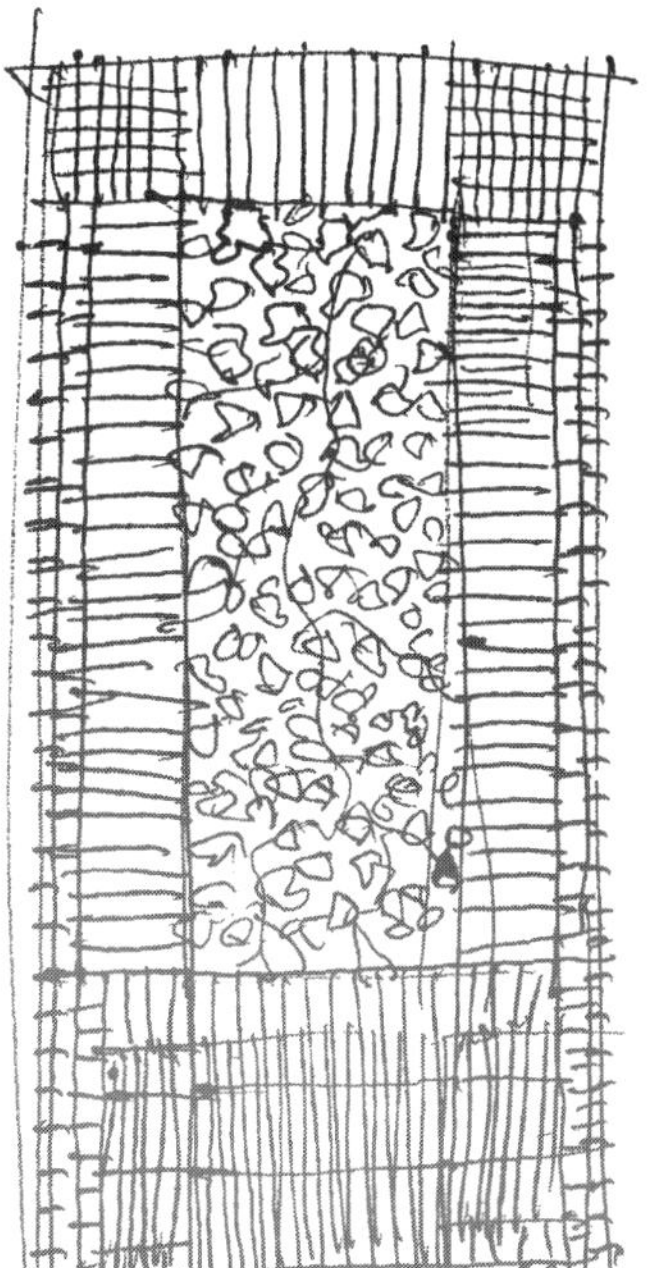

「天空を旅しているような」

ななつ星の名前の由来と定義について、改めて記しておこうと思います。

正式な名称は「ななつ星 in 九州」です。

「in 九州」にはある思いが込められています。

ななつ星が運行をはじめる数年前、上海で九州観光のセールス活動をしていた折、訪問先の中国の旅行会社で「ぜひ九州に観光で来てください」とPRするたびに、「九州ってどこですか。中国の広州の近くですか」と逆に質問されることがしばしばありました。

九州の認知度の低さに愕然としました。

海外事情にくわしい人に聞くと、中国だけでなくどこの国も同じようなものだそうです。東京、京都、大阪は知っていても九州は知らない。どういうわけか、北海道はよく知られているそうです。

(……こりゃ、いかん)

ということで、九州を知ってもらうために「in 九州」を正式名称の中に入れたというわけです。

正式名称だから、新聞やテレビも必ず「in 九州」と付け加えてくれるだろう。

そうすれば、ななつ星が九州を走ることも伝わっていくだろうし、海外の人には九州の存在を知ってもらうきっかけになるだろう。

そんな企みから生まれた「in 九州」なのでした。

本筋に戻りましょう。

ななつ星――。

なんといい名前でしょう。この名前こそが、私たちを世界一に導いてくれたものなのかもしれません。

九州には、福岡、佐賀、長崎、大分、熊本、宮崎、鹿児島と七つの県があります。

ななつ星は、機関車1両のあとに客車7両が続きます。

7県に7両。「7、なな、七」とつぶやいていくうちにぱっと閃きました。

（北斗七星……！）

北極星を探すとき北斗七星を見つければ容易にたどり着きます。方向を確認するのに確かな目印になるのが北斗七星です。

世界一という夢、とてつもない方向をめざす豪華な寝台列車にふさわしい名前ではないか。

北斗七星と名付けよう、そう思いましたが、すぐに無理だとわかりました。当時、「北斗星」という寝台列車が上野〜札幌間を走っていたのです。

「北斗星」は北斗七星と北極星の二つを合わせたネーミングです。「北斗七星」はさすがに差し障りがありました。

ほかにないだろうか。念のため国語辞典を引っ張り出しました。

「北斗七星」のところを開くと、「北天にひしゃく形に連なって見える、大熊座の七つ星。古来、方位や時刻を測定する星として親しまれてきた」とあります。

そのあとに「別名、ななつ星」と記されているではありませんか。「ななつ星」だと「北斗星」の盗作と言われる恐れもないでしょう。九州7県、7両の車両を表すのにもぴったりです。

最高級のレストランの二つ星や三つ星、ホテルの最上級を表す五つ星より、さらにその上というイメージになります。そのままハイブランドに導いてくれそうなネーミングです。

ちなみに、ななつ星の車内や地上の設備には、列車同様に「夜空」にちなんだ名称がつけられています。

1号車ラウンジカーのカウンターは「ブルームーン」。

2号車サロンカーのカウンターは「ジュピター（木星）」。

博多駅の専用ラウンジは「金星」。

阿蘇駅ホーム上につくったななつ星専用レストランは「火星」。

月や星の名前が並びます。九州を巡りながら、天空を旅しているような気分を味わっていただきたい。そんな思いも込めています。

海外からの九州人気

この九州が近年、『コンデナスト・トラベラー（Condé Nast Traveler）』など欧米のメディアによく取り上げられるようになりました。

『コンデナスト・トラベラー』は、富裕層を中心に約３００万人の読者を持つ米国の有力旅行誌で、欧米の人たちから絶大な信頼を得ています。

同誌が２０２１年12月に発表した「２０２２年に行くべきところ」に九州が日本国内で唯一ランクインを果たしました。同時期に、米国のもう一つの有力旅行誌『トラベル・アンド・レジャー（Travel + Leisure）』の同様の企画記事に九州が大きく掲載されています。

２０２２年６月に発売された『コンデナスト・トラベラー』には、「魅力的なプライベートバスタブのある世界のホテルベスト20」という特集が組まれ、なんと、大分県日田市にあるＪＲ九州のグループ会社のひとつである旅館「奥日田温泉 うめひびき」が選ばれているではありませんか。

旅行誌だけではありません。

世界最大のニュース誌で、政治、経済、文化、エンターテインメントなどさまざまな分野をカバーし、世界のオピニオンリーダーともいわれている米国の『タイム（TIME）』にも、「２０２２ 世界で最も素晴らしい場所50選」に九州が選ばれました。グレートバリアリーフ、バリ島と並んでいますから、誇らしい限りです。

金融情報メディアのブルームバーグ社が刊行しているビジネス誌『ビジネスウィーク』２０２３年5月1日号の「２０２３年に行くべきところ」と題した記事には、九州が主役級の扱いを受けています。霧島の高級リゾート「天空の森」や福岡に２０２３年にオープンした「ザ・リッツ・カールトン福岡」、さらには博多のとんこつラーメンまで紹介されています。

どうして、このところ九州が注目されるようになったのでしょうか。

大きく三つの理由が考えられます。

一つ目は、２０１９年のラグビーワールドカップの試合が九州各地で10試合（大分5・福岡3・熊本2）も開催されたことが挙げられます。どの会場も海外からの、とりわけ欧米豪からの観客で賑わいました。彼等が九州のよさを体験したことが九州の認知度アップと好印象につながったと考えられます。

二つ目として、2013年に「くまモン」が蒲島郁夫熊本県知事（当時）とともにハーバード大学の教壇に立ったことです。降壇後、その年米大リーグのワールドシリーズを制したボストン・レッドソックスの本拠地「フェンウェイ・パーク」を訪れ、球団マスコット「ウォーリー」と交流したことも、くまモンと九州の知名度を大いに高めました。

⑥

三つ目は、九州観光機構の欧米豪チームが契約しているレップ「ブルフロッグ＋バウム」社の効果的な活動によるものです。

レップとは英語で「Representative（レプレゼンタティブ）」、日本語で「代理人、代表者」を意味し、当事者の代わりに業務を遂行するパートナーをいいます。観光の分野では「観光レップ」ともいい、自治体や事業者の代理として観光地をPR・営業するために海外メディアなどと連携したプロモーション事業を担います。

ブルフロッグ社の動きが、欧米における九州の認知度を一気に高め、多くの人たちに「一度九州に行ってみたい」という機運を盛り上げたのです。

秘すれば花

「秘すれば花なり、秘せずは花なるべからず」

世阿弥が著した能楽の秘伝書『風姿花伝』のなかの有名な一節です。

ここでいう「花」とは、人々に思いもよらぬ感動を与えることをいいます。

意味は、芸事は舞台で表現する前に観客には秘密にしておき、演技のなかでさりげなく披露してこそ観客に大きな感動を与えることができる。そうでないと大きな感動は与えられない、というものです。

私たちは、ななつ星の「花」ともいえる車両について、三章でも触れたように「秘すれば花」の教えを徹底的に実践しました。

ななつ星の車両は完成し実際に運行するまでは絶対に人に見せない、と決めたのです。

情報は内部から漏れるとよくいわれます。

そこで、車両の製作現場の情報統制からはじめました。車両製作現場（JR九州の通称「小倉工場」）では、毎朝作業前に全員の携帯電話を入り口で保管するようにしました。車両

6

製作初日の全体朝礼で私から厳命を下しました。

「製作中の車両を携帯で撮って勝手にインターネット上に画像を流出させることはまかりならぬ」

みんな、「そこまでやるの」という顔をしていましたが、このルールは車両の完成まで徹底しました。

12年前のことですからもう時効でしょう。

告白します。ルールをつくった張本人（私）は、職人たちの激励と車両の出来具合の確認のため小倉工場に何度か足を運びました。その際、職人たちに見えないところで、愛用のスマホでバチバチ写真を撮っていたのです。もちろん、インターネットにアップすることは断じてしておりません。しかし、写真を撮ったことは反省します。

車体の外装ができあがったときも、すぐさま黒いビニールシートで車両全体を覆いました。外から撮られないように、と。

いよいよ車両完成。営業運転の前に3週間ほど、実際に走行するJR九州の線路で本番さながらに試運転を行います。このときも機関車も客車7両もすべて黒いビニールシートで覆われていて、さながら長大なゴミ袋が線路の上を疾走しているようでした。

メディアからすると、そこまで隠されるとどうしても見たくなります。

「見せろ、見せろ」としきりにせっついてきます。

ひところ、「もったいぶったななつ星」と揶揄されましたが、まずはともあれ「秘すれば花」戦略は、大成功を収めました。

運行がはじまっても「秘すれば花」戦略は続きます。

出発日には、午前9時ころから乗車のお客さまが、博多駅のななつ星専用ラウンジ「金星」に集まります。見送りの家族などの同行者も少なくありませんが、「金星」の入り口でシャットアウト。

ラウンジには乗車のお客さましか入れません。そのあと、お客さまはななつ星に乗り込みますが、ここでも見送りの人は車内には入れません。中に入れるのはお客さまだけです。

メディアの方々も、ななつ星の中を見られるのは、特別な内覧会のときだけと決めています。

イメージを変えたプレゼンテーション

車両については「秘すれば花」を徹底する一方、車両以外の情報発信は度が過ぎるくらいに行いました。

ななつ星クルーの制服イメージ一覧。夏は白基調、冬は黒基調。

情報発信のスタイルもななつ星流です。

有料の広告宣伝にはほとんど手をつけず、パブリシティに力を入れました。新聞やテレビが飛びついてくれそうな話題を提供するのです。

それらは、記事やニュースとして扱われ、広く世間に「知りたい情報」「知るべき情報」として伝わっていきました。

ななつ星のことを初めて世の中に知らせたのが、２０１２年5月28日の大プレス発表会です。本物のななつ星がデビューする1年5カ月前です。

当時までＪＲ九州の記者会見といえば、本社のそんなに広くない会議室で教室風に椅子と机を並べたところで記者に着席してもらい、社長が淡々とリリース資料を読み上げたあと記者の質問に答えるというフォーマット。

ななつ星の発表会は、まったく異次元のものとしました。

博多駅ビル9階の大ホールに２００人以上ものメディアや旅行関係者を集め、教室風でなく30ほどの円卓に座ってもらい、一人ひとりに紅茶とショートケーキを提供。

通常の発表会であれば、地元の九州新聞とテレビの記者だけですが、この発表会には『文藝春秋』『家庭画報』『婦人画報』『サライ』といった東京のメディア関係者も大勢来てくれました。

記者会見というより、華麗なプレゼンテーションの場です。まるで、アップルの新商品発表会か、トヨタのレクサスのお披露目会です。

ステージ上の大スクリーンにはななつ星の映像（といってもまだ車両製作がはじまっていない時期ですから、水戸岡さんが描いたイメージイラストが中心です）が大きく映し出されています。

メインのプレゼンテーターの水戸岡さんと社長（私）がマジック風の仕掛けの中から「くまモン」と一緒に登場するという、まだイメージの堅いままだった鉄道会社とは思えない演出もあり、場内はずっと拍手と歓声に包まれました。

これらの脚本と演出は、当時のななつ星チームのリーダー格、古宮部長と仲次長が中心になって企画したもので、主役の私自身も驚きの連続でした。

もう一人の主役、水戸岡さんはその場の状況をこう語っています。

――あの大プレゼンを見て、本気でやるんだＪＲ九州は、と僕自身も感激した。

会場にいた「由布院 玉の湯」の桑野和泉さんも「ＪＲ九州が変わる、そんなワクワク感があった」と感慨を込めます。

そんな舞台で「世界一をめざす」と宣言したものですから、メディアの皆さんもかなり衝撃を受けたようです。

「九州から世界一が生まれるかもしれない」という期待が、まず地元九州の記者たちの間で膨れ上がっていきました。

まるで、郷土からオリンピックの金メダル選手が出るかのように。

運行開始が近づくと「世界一」の意気込みは、日本中に伝わるようになりました。

「エピソードⅡ」のプレゼンテーション

プレゼンテーションを語るとき、もう一つ、2022年春に東京で行ったメディア向けの発表会についても触れておかないと、ななつ星のスタッフに怒られそうです。

ななつ星は、2021年10月に発表された『コンデナスト・トラベラー』主催の「アワード2021」において並みいる強豪を押しのけ、初めて〝世界一の列車〟の称号を獲得しました。その後も続けて世界一となったわけですが、最初の世界一は格別でした。

しかし、ななつ星は、それに弛むことなく、さらなる進化に向けて動き出すことにしました。

2022年10月にななつ星の大幅なリニューアルを実施し、これに併せて運行コースも一

![star 6]

新。

ななつ星「エピソードⅡ」（第2章）として新たな旅をスタートさせることになりました。その概要のプレス向け発表会を2022年4月に、東京の明治記念館で華やかに開催したのです。

明治記念館といえば、明治の時代に大日本帝国憲法の草案審議のための御前会議が開かれたところ。

日本の歴史が大きく変わる瞬間を間近で見守ってきた由緒ある館です。

この折は、ななつ星の歴史が変わる瞬間の立会人になりました。

発表会の第1部の冒頭で、JR九州の福永嘉之鉄道事業本部長（当時）が、前年ななつ星が世界一の栄誉に輝いたこと、運行開始から9年を迎えたななつ星は「エピソードⅡ」としてその秋から新たな旅を提案することなどを力強いスピーチでメディアに訴えました。

次に、ななつ星チームのリーダー、小川聡子次長がななつ星の今回のリニューアルの概要を丁寧にひもときます。

最大のポイントは、ななつ星車内で過ごす時間をより魅力あるものにすること。

これまで14あった客室を10に。

減らした客室のスペースをお客さまがゆったりと憩える空間にリノベーション。

2号車をお客さま同士が団欒を楽しめるサロンとし、中には本格的な茶室を設ける。

3号車は客室の代わりに、新しくギャラリーショップ「SHOP nana」とカウンターバー「KAZ BAR」をつくる。こういったコンテンツの変更について、水戸岡さんのイラストとともに、理路整然と、かつビジュアルを多数用いながら説明がなされました。

食事のあとの第2部はトークショー。

女優の檀ふみさん、糸井重里さん、水戸岡鋭治さんらの楽しい掛け合いに、場内は幸せな空気に包まれました。

ななつ星のリニューアルをお知らせしつつ、世界一をめざして運行をはじめたななつ星が10年目にしてようやく悲願の世界一となったことをお知らせする機会ともなり、歴史の立会人たる明治記念館で、素晴らしい時間を持つこととなった企画でした。

七章　エピローグ「次の夢」はあるか

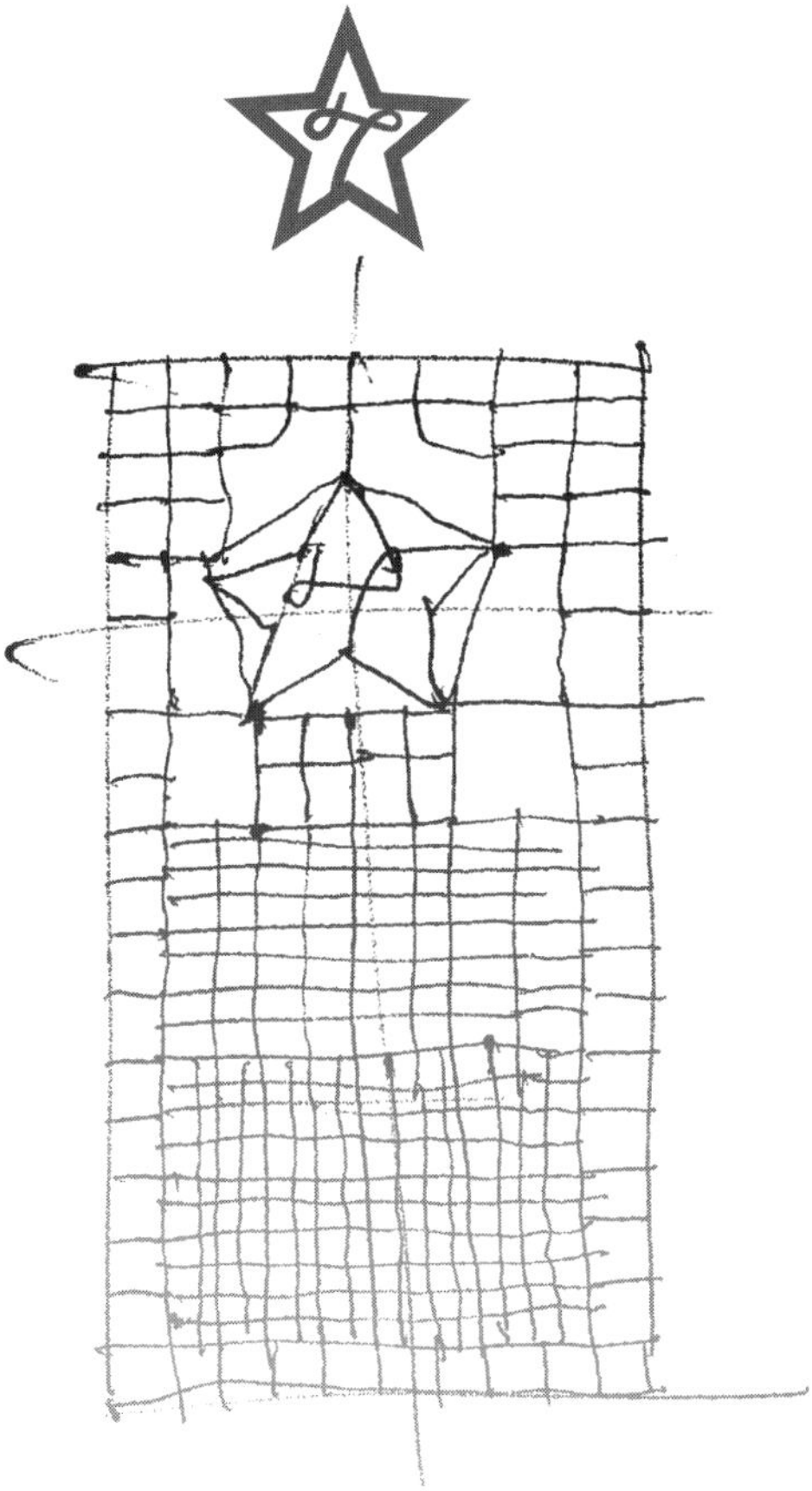

優良企業のような数字

２０２２年10月。ななつ星は大幅なリニューアルを実施し、これに合わせて運行コースも一新し、ななつ星「エピソードⅡ」（第２章）として新たな旅をスタートさせることになりました。

最大のポイントは、ななつ星車内で過ごす時間をより魅力あるものにすることでした。前章でも触れたように、14あった客室を10とし、よりお客さまがゆったりと憩える空間にリノベーションしたのです。

客室数を減らした分、お客さまや売り上げが減るかのように思われそうですが、じつはそんなことはまったくありません。

運行のたびの稼働率は常に90％以上と高い率を維持し、また台湾をはじめ海外も含めた旅行代理店が販売する商品のリクエストに応え続けた結果、非常に安定的な売り上げと収益も計上しています。

２０１３年からの運行本数は、２０２３年12月末時点で計８１７本。乗車人数１万９４６５名、ちなみに海外からは34の国と地域から２６６４名。ご乗車されたお客さまのなかで複数回ご利用されている方の割合はじつに11・７％。

申し込みをされている方はもっと多いのだとか。

設定部屋数と応募総数から割り出した10年間の平均倍率は、13・9倍。

さまざまな環境の変化やお客さまのニーズを想定しながら、コース改定を重ねること、3泊4日コースは9回、1泊2日コースは10回。そして価格変更を随時行いながらも、ずっと安定的な応募状況をいただいています。

お客さまには感謝しかありませんし、クルーズトレイン本部の尽力にはひたすら頭が下がる思いです。

結果として、2023年度は、ななつ星単体として過去最高の業績を得るまでになりました。

ななつ星がもたらすもの

あえて卑近な例を出しますが、現社長の古宮さんが以前現場でバリバリと東京都内をまわっていたときには、「JR九州です」と名刺を渡すと「あ、JR九州さんって、JR東日本の子会社ですよね」なんて言われることもしばしばだったそうです。

しかし、ななつ星が運行開始して以来、「JR九州です」と名刺を渡すと「あ、ななつ星のＪＲ九州さんですね」と言われるようになったそうです。
ななつ星は、ＪＲ九州が初めて全国区になったきっかけそのものだったのでしょう。また、当社は２０１６年に念願の東証一部上場を果たしていますが、ななつ星があったから上場できたのだと思います。
２０１５年１月の国土交通省「ＪＲ九州完全民営化プロジェクトチーム とりまとめ」の中では、以下のような記述が見られます。

〈(前略) クルーズトレイン「ななつ星 in 九州」や特急「ゆふいんの森」「指宿のたまて箱」等、観光資源となる鉄道列車（デザイン・アンド・ストーリー（D&S）列車）を多数運行し、D&S列車そのものが観光素材となるなど、多くの観光客をひきつけている。これらD&S列車の運行は、沿線自治体や地域住民の自主的なおもてなし活動とも連携するなど、地元関係者から観光振興に向けてＪＲ九州に期待が寄せられている〉

やはり、ななつ星が最後のひと押しとなって、ＪＲ九州は頑張っているのだという意気込みが、響き渡ったのだと思います。

コロナ禍を経て

2020年初頭、コロナ禍に全世界が見舞われた折、私は「ななつ星をすぐに止めるように」と指令を出しました。

これは、なによりお客さまの安全を思えば、それがベストだろうと考えたからです。

――走ることは仮にできたとしても、手袋をしたり、マスクをしたりして、ななつ星の世界観というか、ななつ星の旅で届けたいものが、感じていただけるのか？

そういった意見もクルーズトレイン本部の議論のなかであったとのことでしたので、即座に意思決定ができました。

予約されていたお客さまには、ツアーデスクがすぐに電話でご連絡。

中止や取り消しではなく、「運行再開の折には振替にさせていただきます」という連絡でした。

やっぱりいちばんこだわったのは、そういったお客さまへの「おもてなし」の心でした。

ほんとうに自分たちが提供したい「新たな人生にめぐり逢う、旅。」というものが届けられる環境ではないから、無理に走らせるわけにはいかない。

そして、価格に見合ったものが提供できない。

でも、再開できる折には、必ず約束は果たしたい。

そういった思いをきちんと、スピード感を以て伝えることこそが、そのときにできる最低限の「おもてなし」だろうと考えたわけです。

「運行再開、待ってるよ」

当社はそのころ、「その日まで、ともにがんばろう」という動画をつくっていました。

クルーたちは、そのななつ星バージョンを自分たちでつくりはじめます。

きっと、ななつ星のお客さまもクルーに会いたいだろうということで「みんな元気にしてますよ」「九州も元気にしてますよ」という発信をできる動画を、小川さんや数澤さん、当時ブランディング担当の新山夏江さんが主体となって制作したのです。

オンラインで「この写真使おう」とか「音楽は池田綾子さん（注※「ななつ星」公式イメージソング「ドアの向こう」を制作・歌唱）に許可もらって使おう」とか。そこにクルーたちがいつもお世話になっているカメラマンの福島啓和《ひろかず》さんにも入ってもらい、「ここでこのカット入れて」とか「クルーのみんなに笑顔で手を振っている写真や動画をもらおう」と集めたりして、5分37秒の「僕はななつ星―その日まで、ともにがんばろう」という動画を制作し、当社ホームページや当社公式ＹｏｕＴｕｂｅチャンネルで公開配信を行いました。

「お客さまとの接点をクルーのみんなも恋しがっていたみたいな部分はありました」とは当時を振り返っての小川さんのコメントです。

その後、２０２０年8月には状況も見ながら、運行を再開することになりました。クルーがマスクを着けたり、本来14組（当時）のお客さまを7組のみに絞ったり、食事の際は隣同士の席には座らず、はす向かいで座っていただいたり、さまざまな検討を重ね、運行しました。

パーテーションを付けるか付けないかという議論もありましたが、クルーの意見は「なんか違うんじゃないでしょうか？」だったかと思います。

そして、あのとき支えてくださったのは、「運行再開、待ってるよ」「ななつ星なら乗るよ」とおっしゃってくださった、リピーターの皆さん。

そして、運行再開をちぎれんばかりに手を振って喜んでくださった、沿線の皆さんだったかと思います。

ここに改めて、感謝を申し上げます。

「次の夢」とは

ななつ星誕生の物語とともに、これまでの取り組み、評価いただいている魅力について私なりの考察を記してきました。

この稿を終えるにあたり、現在の課題と今後の展望を述べたいと思います。

ななつ星はこれまでの列車とは考え方や取り組みも違うものであるのはこれまで述べてきたとおりです。

しかしながら鉄道であることに変わりはなく、鉄道事業が直面している課題はななつ星の課題でもあります。

当社の鉄道事業経営は現在も厳しく、地方公共交通が直面する多くの課題に向き合っています。設備の維持管理には多くのコストがかかります。幹線、ローカル線にかかわらず、費用の削減に努めております。

このようななかでななつ星規格の車両が走行できる路線や停車できる駅が限られてきているという現状があります。

公共交通としての鉄道の経営の安定とともにいかにななつ星がより多くの地域を走り共生するのか、今後はさらなる工夫の必要があります。

地方公共交通の維持・活性化という観点からもななつ星が観光資源としての地方交通の価値を高めていければと考えます。

ななつ星が運行を開始して4年後の2017年には日本各地で豪華寝台列車が走り、新しい鉄道の旅のスタイルが日本全国に波及し広がっています。

列車は富裕層であっても個人が所有することが難しい乗り物です。

そのように考えると、列車での体験、線路からの景色は、やはり現代においても特別なコンテンツ、観光資源といえるでしょう。

かつてのような団体旅行が少なくなり、個人が気軽にインターネットなどを通じて自分スタイルの旅行をつくり楽しむ時代となってきています。

一方で、人が介在することの価値は見直されているように感じます。

人がつくり出す手間暇こそが、人間が感動する最も大切な要素であると、ななつ星を通して強く確信を持ちました。

車体幅2・9メートルという世界が生み出す人と人の距離感に、私は大いなる可能性を感じています。

九州7県が織り成すこの島の規模感に、地域と地域が連携し一体となる最も適当な地理的優位性を感じます。

クルーズトレイン本部には２０２４年から「バリュークリエーション（ＶＡＬＵＥ　ＣＲＥＡＴＩＯＮ）チーム」というセクションが新設されています。

これは、ななつ星のお客さまに、旅のみならず新たな価値を提供できないかと考えるために設置された部署です。

何を提供するかはまだ決まっていません。

ななつ星という世界一ブランドをゼロから創生したときと同じように、ななつ星にお乗りいただいたお客さまに、ひょっとすると形ではない何か新しいものをお渡しできるのではないか。そういった可能性に気づいて、クルー１期生の小川聡子さんを中心に、検討が進められています。

何か決まりましたら、私から、当社から、すぐに皆さまにご案内させていただきます。

「氣」の力

２０１３年10月15日、ななつ星の運行初日、筑後川の河原に集まった１７７人のうきは市の方たちが、筑後川の鉄橋を初めて渡るななつ星に向かって歓喜の声を上げながら一所懸命手や旗を振ってくれました。

——世界一になるであろう豪華列車がこのうきは市を通過するのだから、市民みんなで応援しようじゃないか。

一人の市民（先述のとおり市役所の係長だった麻生幸徳さん）が声をかけたところ、たちまち大勢の人が「僕も行く」「私も行きたい」「ななつ星を見たい」「世界一を応援しよう」と殺到しました。

あまりにもたくさんの人が申し出てきたので、麻生係長はななつ星にちなんで177人に絞り込みました。

その話を前日に聞いたものですから、当日のななつ星の運転士に「うきは市の鉄橋を通過するときは最徐行で運転してくれ」と頼んでおきました。

ただし、最徐行でも鉄橋を通り過ぎるまで十数秒しかありません。それでも徐行しないよりはまし。

当日お昼過ぎ、通過予定の時刻よりも早めに177人が河原に集まっています。

やがて、鉄橋の左端からななつ星の先頭の機関車が顔を出します。

177人の大歓声がいっせいに沸き上がります。

大人も子どももお姉さんもおじいちゃんもみんな、ちぎれんばかりに手を振ります。列車は、あっという間に鉄橋の右端に通り過ぎてしまいました。

ななつ星が通過したあとに何が起こったでしょう。

このとき私はななつ星の車内にいて、河原の上から大勢の人が手を振ってくれるのを、少々涙腺を緩めながら眺め、こちらからも河原に向かって手を振り返していました。だから、河原で何が起こったのかわかりませんでした。

知ったのは数日後。初回運行の翌日の地元の新聞記事を見て、たいそう驚きました。

「筑後川の鉄橋の下の河原からうきは市民177人が、運行初日のななつ星に手や旗を振って歓迎したが、列車が通り過ぎたあと177人のうちの半数が涙を流し、そのまた半数が号泣だった」

100メートル離れた河原から、ななつ星をたった10秒ほど見てちぎれんばかりに手を振るだけで、なぜ涙するのでしょうか。それも号泣する人まで。

ななつ星に乗車されたお客さまも、3泊4日の旅の中で何度か涙ぐむことがあります。というより、ほとんどの人が少なくとも1、2度は涙腺が緩みます。

平均すると3〜4回は涙します。もちろん、悲しくて涙するわけではありません。感動のあまり涙腺が緩んでしまうのです。

最初の涙は、1日目ななつ星が博多駅を出発するときです。

ホームから100人以上もの人が手を振って見送るのを車内から眺め、お客さまも手を振り返します。このときお客さまは思わず目頭をハンカチで押さえます。

旅の途中でクルーや地元の人たちのおもてなしに出会うと涙を流す人も少なくありません。4日目の車内イベントでは、ほとんどのお客さまが号泣されます。

お客さまも旅の途中で何度か涙される。うきは市の人たちも手を振るだけで号泣する人までいる。

どうしてでしょうか。

当時はその理由がわからなかったのですが、しばらくしてななつ星を創り上げるまでのいきさつをたどると、はっきりとしたものが見えてきました。

それは「氣」です。

「氣」を『広辞苑』で引くと、「天地間を満たし、宇宙を構成する基本と考えられるもの。万物が生ずる根源。生命の原動力となる勢い」とあります。

ななつ星には、この「氣」が溢れんばかりに込められています。

水戸岡さんや私をはじめとするチームの強烈な思い、世界一という夢、膨れ上がる期待、極限までの緊張感、そしてたっぷりとかけた手間。

そうしたものがななつ星に満ち溢れています。さらには、洗面鉢を制作し納品直後に亡くなられた十四代酒井田柿右衛門名人の魂まで入れていただきました。

これらを一つの言葉で表現すると「氣」なのです。目に見えないが確かに存在し、人々を動かす力です。

この力は、物事に魂を吹き込み、人々の心に深く響きます。

ななつ星に込められた「氣」がお客さまと河原に集まった177人に作用し、衝撃に近い感動を呼び起こしたのです。皆さんが号泣までされたことを説明するにはこれしか考えられません。


ななつ星は、この「氣」の力によって、世界一の称号を得たと思います。


「氣」の力は、人々を感動させます。

物事に込められた思いと手間、その背後にある人々の心が結集することで、真の感動が生まれます。

この力は、これからも多くの人々を感動の渦に巻き込むことでしょう。

最後に、運行開始当時から絶対に変わらない理念があることもここに改めてしたためさせていただきます。
ななつ星チーム全員が、いつの時代も変化することはないと考えている「ななつ星七ケ条」をいま一度記し、筆をおくこととします。

「ななつ星七ケ条」

第一条（安全）
私たち〝ななつ星〟は、お客さまに安全と安心をお届けします。
第二条（時間）
私たち〝ななつ星〟は、お客さまの心が豊かになる時間を提供します。
第三条（空間）
私たち〝ななつ星〟は清潔で美しく、心地よい空間をつくります。
第四条（気づきと心配り）
私たち〝ななつ星〟は、お客さまへの気づきと心配りを大切にします。
第五条（緊張感とスピード）
私たち〝ななつ星〟は、緊張感をもって迅速機敏に行動します。

第六条（誠実）

私たち〝ななつ星〟は、明るく楽しく誠実にお客さまの旅のお手伝いをします。

第七条（地域を元気に）

私たち〝ななつ星〟は、お客さまと地域と私たち自身を元気にします。

あとがき

唐池さんだから、できた列車

水戸岡鋭治（ななつ星デザイナー）

「ななつ星」の構想当初、私はモダンデザイン案を、ファーストプランとして提出していました。

しかし、あるとき、唐池さんが「クラシックは多くの人が理解できる」とおっしゃって、「世界中を見てきた人たちが理解できて、手間暇かかっているものが心地いいんだ、感動するんだ」というお話をしてきました。

正直なところ、「いやあ、もう、面倒くさいな、面倒くさい世界に入っていくんだな」と思ったものです。

私自身は、デザイナーだからモダンを追求するというのがベースにあります。

でも一方で、じつは昔からクラシックをつくってみたいという想いはずっとあったんです。

当時、世界の車両デザインはモダンの傾向に走っていたけど、多くの人が望んでいるのはクラシックであると。

それはなんとなくイメージとしてはあったんだけど、唐池さんがバチッと言ってくれたわけです。

私のデザイナーとしての意識もそこでバチッと決めてしまった。

覚悟しなくちゃいけないと、肚をくくったわけです。


肚はくくったけれど、まだまだ問題は山積みでした。

モダンの場合は、あるものを、どんどん省略していけばいい。

言語を減らしたり、個々のパーツを減らしたり。バサッと空間や余白を設けてみたり。そうやって驚きを提供していけばいいんですけど、クラシックは重ねていくことが求められるのです。

また、世界中に様式があって、その様式を無視してやるとクラシックにならないんですね。

ヨーロッパのクラシック、日本のクラシック、アジアのクラシック、できれば世界中のクラシックを持ち込んだ物をつくらなければいけないけれど、クラシックの勉強をしていなかったので、それをどうするか悩んで……。

やがて、現代の車両ではつくるのがほんとうに難しいというのがわかってきたんです。

たとえば、現代の車両では、木も無垢を使えない。

でも、クラシックは本来、どれもこれも天然素材を使って手間暇かけるもの。

まさにアナログの世界に入っていくので、それをどこまでやるかというのはコストと関係するし、名人と呼ばれる職人さんも必要となってくる。

当時は、そういう人が見つかってない段階ですから。柿右衛門さんにオーダーするというアイデアなんか決まってないし、たとえば大川組子の存在も知らなかったわけで……。

デザインとは、「この人がいるからこの線を描ける」という世界なので。

よいパートナーがいれば図面を描いて、夢中になってしまえるんですが。

「ななつ星」のようなビッグプロジェクトは、チーム作業の集大成がないと成しえないものです。おまけに色、形、素材のデザインを重ねることが求められるクラシックの仕事でした。

すなわち、私の「ドーンデザイン研究所」のスタッフにも膨大な仕事量が課せられることになります。

モダンであればデザインを3枚描けば済むところが、クラシックだと10枚、20枚になる。打ち合わせも1回で済むところが5、6回に。

素材も、色も、形も……と、懸案事項は重層化、多元化し、複雑さを極める。どうしても理屈があるので、それを理解しつつ進めなければならない。もの凄く手間暇かかる面倒なことを、何重にも曼荼羅のように、モザイクのようにしないと、クラシックはつくることができない。

現代のデザインの多くは、利便性と経済性を追求して、手間暇をいかに省けるかという方向ですから、まさに逆行していたわけです。

でも本来、人の手間のかかった、昔見ていたものがよいと、心のどこかで思っていました。

それを唐池さんがバチッとおっしゃったんで、ほんとうにどきりとしたものです。

高校のとき、工業デザイン科の先生が、「デザインは情緒である」といつもおっしゃっていて、その言葉も心に残っていました。

日本が高度経済成長に向かってもの凄い勢いで車社会、合理化、均一化となって、品質は高品質な物をと、どんどん経済と利便性を追求した時代に、その先生は「デザインとは情緒である」と言い切っていたのです。その話が、私の心の深いところにずっとあって。

そうしたら唐池さんが、同じように「心だ」とおっしゃったんで、これは、「本気になってやんなくちゃ」と思いました。

そんな「ななつ星」の運行以来、さまざまな地域や企業から声をかけてもらって、仕事をすることになりました。

多くの鉄道会社や自治体が、ななつ星へ羨望の眼差しを向けていて、デザイナーの私に白羽の矢を立てるという場面が多く訪れたわけです。

ところが、どこでも、いざプロジェクトをはじめてみると、どうも勝手が違う。

九州でななつ星に取り組んでいたときのように、話がスピーディに進んでいかない。

プレゼンテーションが何度も求められ、それで応じてみたところで話がまったく決まらない。

持ち帰って勉強しますとか、皆で考えますと言いながら、とにかく決まらない。

これはなんだろうと考えてみたら、やはり唐池さんがいるか、いないか。

その違いなんですよね。

唐池さんの仕事の特徴は、プロジェクトの全体像の把握がまず恐ろしく速い。

発端から結末まで、シミュレーションをひとりでシューッとできて、それを整理整頓された文章で書いてみせてくれるから、関係者にもあっという間に浸透し、個々がやるべきことを理解できる。

望まれるクオリティとスケジュールもちゃんとそこに示されているから、みんな迷わずミッションに邁進できる。

トラブルが発生したところにはさっさとアドバイスを送り、場合によっては裏の調整役まで担ってくれる。

監督であり、プロデューサーでもあるけど、コーチもやるし、マネージャーでもあるし、プロモーターでもある。

そういうリーダーだから、みんなが目の前の仕事に没入しているうちに、いつのまにか大きな全体が完成していた。

ななつ星はまさに、そういうビッグプロジェクトだったと思います。

ななつ星のデザインに欠かせないものとして、ファブリックの存在があります。

車内はもちろん、博多駅のラウンジ「金星」の椅子やソファ、ベッドの張り地は均一でなく、多種多様なテキスタイルで構成されています。

このなんとも贅を尽くした仕様には、大阪の「住江織物《すみのえ》」という会社が大きく関わっています。

京都の「龍村美術織物」と並んで、日本を代表する織物会社なのですが、1992年に運行開始したJR九州の787系「つばめ」に用いることを構想していた私は、なかなかコストが合わないという事実に苛まれていました。

私はどうしてもこの会社と仕事をしたかったので、当時JR九州の初代社長を務めていらした石井幸孝さんに掛け合うことにしました。

「JR九州の車両のファブリックをまとめて発注されたらどうでしょう」

まとまった受注が約束されれば、不要なプレゼンやテスト製作も回避できますから、部分的に歩留まりのよくない仕事も受けることができるわけです。

結果として石井さんの決断で、住江織物がしばらくJR九州の発注を一手に引き受けることとなります。それにより、私は私で、海外のクラシックパターンを旺盛に吸収しながら、とりどりのデザインを描き、住江織物さんに託すことができました。

ななつ星は、まさにこのときの「英断」の恩恵に浴してもいるわけですが、このときの石井社長が最も可愛がっていた（ように少なくとも私には映っていた）のが唐池さんでした。

もう一つ、ななつ星の車両の大きな特徴として、客室のドアをガラス張りにしていることがしばしば話題に上ります。

これはクルーの皆さんが、お客さまの様子をうかがいながら、積極的にコミュニケーションをとることを前提にしているのですが、恐らく唐池さんみたいな経営者でなかったら、「そんなのダメだ」ということになったと思います。

お客さまのプライバシーを守るべき、と恐らくそういう主張がクライアントであるＪＲ九州からなされたことでしょう。

ななつ星の外窓は12センチ弱の厚みの中に、ガラス板が入って、木戸、ブラインド、そして障子が仕込まれ、さらにカーテンが内側に設けられています。

それら一つひとつの建具が厚さ1センチ以内に仕上げてあって、本来なら施さないような加工でそれぞれに強度を増すと同時に光の調整が楽しめるようになっているのです。

つまり、お客さまがプライバシーをクルーの皆さんと共有するかどうかは選択可能だし、その程度、段階も選ぶことができるわけです。

そこまで考え抜かれ、手間をかけたドアや窓の構造は、ななつ星のコンセプトそのものであり、唐池さんのコミュニケーション法そのものだったと、改めていま実感しています。

やっぱり、私たちは人間なんで。動物なんで。

仕事であれ、何であれ、コミュニケーションのなかでは、大なり小なりエネルギーの交換をしているわけです。

じつは、人間の場合はそんなに単純じゃなくて、言葉の組み立て方とか、声をかけるタイミングとか、方法とか、特に仕事の場合は工夫を凝らして、このエネルギーの交換を行う必要があるのだけど、これがなかなか難しい。

私に言わせれば、それが完璧に近いリーダーは、唐池さんくらいだったと思います。

唐池さんのいる会議だと、あれこれと話をしているうちに、私なんかはデザインが終わってしまう。

ただ、会話をしているだけなのに、方向性とかデザインが決まってしまうんですよね。

そういう人間関係、信頼関係っていうか「仕事を頼むときに相手を信頼しないでどうするんだ⁉」という哲学が、唐池さんのなかにはあって。

そういうふうに信頼されている感じが、人間にとっていちばん嬉しいことなんですよね。

信頼されたら、人はやっぱり最高のエネルギーを発揮できるし、自分みたいな職業だと人生で培ってきたリソースも洗いざらい出してみちゃおうか、なんて考えることもできる。

ＪＲ九州の顧問契約も２０２３年で終わったので、いよいよ私はデザイナーとしての仕事を今年あたり、きれいに畳むつもりでいました。

でもＪＲ北海道の話が来ちゃったから、これでまた数年ほど現役を延長せざるをえなくなりました。

唐池さんにも、一緒に考えてくれないかなと何度か話を向けてみたのですが、例によって「やらない」の一点張り。

たしかに以前の唐池さんの著作（注※『本気になって何が悪い』〈ＰＨＰ研究所〉）中の私たちの対談でも、ななつ星のような仕事を成すことの相当な困難さについて触れてはいますが……。

でもやっぱり、唐池さんがいるだけで、いいんですよ。

何もしなくていいんですよ、いるだけで。

そのようにもう一度、言ってみようと思っています。

〈協力〉（敬称略、五十音順）

柿右衛門窯
川島宙（アコルドゥ）
河野美千代（方寸）
川端明
桑野和泉（由布院 玉の湯）
佐伯岳大（サエキジャパン）
下村浩司（エディション・コウジ シモムラ）
戸沢忠蔵（ヒノキ工芸）
馬へれん（華都飯店）
籔内佐斗司
山中啄生（やま中）
渡辺亨（ラ・ヴェルヴェンヌ）

編集／染川宣大（ひとりパブリッシング）

〈著者略歴〉

唐池恒二（からいけ・こうじ）

九州旅客鉄道株式会社　相談役

1953年4月2日生まれ。1977年、京都大学法学部を卒業後、日本国有鉄道（国鉄）入社。1987年、国鉄分割民営化に伴い、新たにスタートした九州旅客鉄道（JR九州）において、「ゆふいんの森」「あそBOY」をはじめとするD&S（デザイン＆ストーリー）列車運行、博多～韓国・釜山間を結ぶ高速船「ビートル」就航に尽力する。また、大幅な赤字を計上していた外食事業を黒字に転換させ、別会社化したJR九州フードサービスの社長に就任。2002年には、同社で自らプロデュースした料理店「うまや」の東京進出を果たし、大きな話題を呼んだ。2009年6月、JR九州代表取締役社長に就任。2011年には、九州新幹線全線開業、国内最大級の駅ビル型複合施設「JR博多シティ」をオープン。2013年10月に運行を開始し、世界的な注目を集めたクルーズトレイン「ななつ星 in 九州」は、その企画立案から運行まで陣頭指揮に当たった。代表取締役会長就任後の2016年には同社の悲願であった株式上場を実現。2023年より現職。また九州観光の発展のため、「九州観光戦略」の実行組織である九州観光機構の会長も務める。

ななつ星への道
Stairway to Seven Stars

2024年11月15日　第1版第1刷発行

著　者　唐池恒二
発行者　村上雅基
発行所　株式会社ＰＨＰ研究所
京都本部　〒601-8411　京都市南区西九条北ノ内町11
教育企画部　☎075-681-5040(編集)
東京本部　〒135-8137　江東区豊洲5-6-52
普及部　☎03-3520-9630(販売)
PHP INTERFACE　https://www.php.co.jp/
組　版　朝日メディアインターナショナル株式会社
印刷所
製本所　TOPPANクロレ株式会社

ISBN978-4-569-85818-0